Les cahiers d'**exercices**

# Chinois

**Faux-débutants**

Hélène Arthus

# À propos de ce cahier

Si vous êtes faux débutant en chinois, les 170 exercices de ce cahier vous mettront ou remettront en selle… sur votre cheval chinois ! Inutile de cravacher : vous pourrez avancer au pas ou au petit trop, au rythme qui vous convient en tout cas. Le début du cahier part d'exercices très simples avec peu de mots. En avançant, vous disposerez de petits pavés de vocabulaire qui vous permettront de réaliser l'exercice juste crayon en main, sans avoir à consulter de dictionnaire. Libre à vous d'écrire en transcription ou en caractères chinois selon vos compétences actuelles.

Les 17 chapitres du cahier construisent un parcours progressif, à partir des fondamentaux, en vous entraînant de manière utilitaire aux secrets et astuces de leur maîtrise : éviter les pièges de la transcription pinyin ; ordonner les mots à la chinoise sans calquer sur la phrase française ; s'approprier la syntaxe via des phrases utiles au quotidien. Et si vous le souhaitez, reconnaître graphiquement quelques signes d'usage fréquent.

Quand on apprend par soi-même, s'auto-évaluer est un encouragement, n'est-ce pas ? C'est pourquoi, après chaque exercice, vous vérifierez les solutions en fin de cahier. Si vous êtes content de votre acquis – parce que les bonnes réponses sont majoritaires – vous dessinerez un sourire ☺ sur l'émoticône de l'exercice. Pour une moitié de bonnes réponses, il restera sans expression 😐. Et il fera la moue ☹ si c'est raté, à moins que vous réussissiez tout le lendemain ! Au terme de chaque chapitre, vous ferez la somme des sourires et des moues et reporterez vos petits calculs en fin d'ouvrage dans le tableau général prévu à cet effet.

# Sommaire

| | |
|---|---|
| **1.** C'est du chinois ! ................................. **3-8** | **12.** Comparer ..................................... **78-85** |
| **2.** Traduire ou ne pas traduire le verbe « être » ? ...... **9-15** | **13.** Passé, présent, futur ......................... **86-91** |
| **3.** Compter et chanter .......................... **16-22** | **14.** Les compléments du verbe ................... **92-97** |
| **4.** Traduire le verbe « avoir » ..................... **23-30** | **15.** Verbes auxiliaires ........................... **98-103** |
| **5.** Localiser : « Où es-tu ? » ..................... **31-36** | **16.** Sensation, impression, avis et sentiment ..... **104-110** |
| **6.** « Où vas-tu ? » .............................. **37-43** | **17.** Groupe nominal ............................. **111-118** |
| **7.** Envie, volonté, intention .................... **44-48** | Solutions ........................................ **119-127** |
| **8.** « Comment ? » ............................... **49-55** | Tableau d'autoévaluation ........................ **128** |
| **9.** Quantifier et classer : « Combien » ? ......... **56-63** | |
| **10.** « Que fais-tu ? » ............................. **64-69** | |
| **11.** Goût et appréciation ........................ **70-77** | |

# 1. C'est du chinois !

## Déchiffrer le sens

Wang Yiwen : Les caractères chinois se déchiffrent par le sens et non le son !

Annie : Que veux-tu dire ? Quand je lis du français, je déchiffre aussi le sens.

Wang : Oui, mais tes yeux captent d'abord des lettres qui forment des sons, des syllabes et des mots. Par exemple : t + u = tu ; b + on = bon.

Annie : Tes yeux déchiffrent aussi le chinois de gauche à droite, non ?

Wang : Oui, mais je ne déchiffre pas des lettres, pour la bonne raison que nous n'avons pas de lettres !

Annie : Que déchiffres-tu alors ?

Wang : Des signes qui évoquent un sens. Je vais te tracer cinq sinogrammes. Regarde :

| 马 | 力 | 一 | 你 | 我 |
|---|---|---|---|---|
| *cheval* | *force* | *un* | *tu* | *je* |

**1** Retrouvez le sens de chaque signe en observant ses traits :

| 一 | 力 | 你 | 马 | 我 |
|---|---|---|---|---|
|   |   |   |   |   |

# C'EST DU CHINOIS !

## Mémoriser le son

**Annie :** Ma Li m'a dit que son nom de famille signifie *cheval* ?

**Wang Yiwen :** Oui, c'est un patronyme. Et 马 *cheval* se prononce **mă**.

**Annie :** Tu sais prononcer ce signe parce que tu es chinois. Mais moi, sans voir de lettres, comment je prononce ?

**Wang :** Tu vas apprendre peu à peu à associer tel signe à tel sens et à tel son.

**Annie :** Je vais essayer…

**Wang :** Et tu vas utiliser la transcription pinyin pour t'aider à mémoriser.

**Annie :** Le pinyin est la transcription de la République populaire de Chine, je crois.

**Wang :** Oui, et de l'ONU. Elle permet d'écrire des sinogrammes avec un ordinateur ou un téléphone. Mais revenons à nos moutons, ou plutôt à notre cheval.

## 2 Complétez le tableau :

| son | |
|---|---|
| 你 | nǐ |
| 力 | lì |
| 我 | wǒ |
| 马 | mǎ |
| 一 | yī |

| Sinogramme | Pinyin | Sens |
|---|---|---|
| 马 | 1. | |
| 力 | 2. | |
| 一 | 3. | |
| 你 | 4. | |
| 我 | 5. | |

## 3 Observez, puis traduisez :

| 我妈 | wǒ mā | *ma mère* (moi mère) | 你妈妈 | nǐ māma | 1. |
|---|---|---|---|---|---|
| 我爸 | wǒ bà | *mon père* | 你爸爸 | nǐ bàba | 2. |
| 第八 | dì bā | *le huitième* | 第一 | dì yī | 3. |
| 秘密 | mìmì | *secret* | 我秘密 | wǒ mìmì | 4. |
| 密码 | mìmǎ | *code* (secret-numéro) | 我密码 | wǒ mìmǎ | 5. |

# C'EST DU CHINOIS !

**4** Même exercice :

| 巴黎的 | Bālí de | de Paris, parisien | 巴黎 | Bālí | 1. |
| 爸妈 | bàmā | père et mère | 我爸妈 | wǒ bàmā | 2. |
| 弟弟 | dìdi | petit frère | 我弟弟 | wǒ dìdi | 3. |
| 难 | nán | être difficile | 难吗？ | Nán ma ? | 4. |
| 马力 | Mǎ Lì | Ma Li (nom de famille et prénom) | 安妮 | Ān Ní | 5. |

## Les voyelles a - o et les consonnes h - w

- Le **a** du pinyin se prononce comme en français dans *madame*. Donc **ān** se prononce comme le prénom français *Anne* et nán comme dans *banane*.
- Le **o** du pinyin se prononce toujours à l'arrière de la bouche comme dans *or* ou *donne*.
- Le **a** et le **o** peuvent se combiner en **ao**, mais on entend davantage le **a** que le **o** : [a₀].
- Le **h** du pinyin est suivi d'un souffle très légèrement rauque. On écrit 好 **hǎo**, *bon, bien*, et on entend [h'a₀].
- Le **w** se prononce comme dans *wifi*.

**5** Observez les signes pour compléter le pinyin :

| Sinogrammes | Sens | Pinyin et approximation française [ ] |
|---|---|---|
| 你好。 | Bonjour. | 1. _____ hǎo [h'a₀]. |
| 马力，你好。 | Bonjour Ma Li. | 2. Mǎ Lì, _____ |
| 你好吗？ | Tu vas bien ? | 3. _____ ma ? |
| 很好！ | Très bien ! | 4. Hěn [h'enn] _____ |
| 你呢？ | Et toi ? | 5. _____ ne ? |

# C'EST DU CHINOIS !

## Les voyelles chinoises

Globalement, les voyelles chinoises sont moins sonores que celles du français ou de l'italien. Par exemple, les voyelles des interrogatifs 吗？ **ma ?** et 呢 **ne ?** se prononcent discrètement. On entend [mₐ] et même presque [mₑ] en écartant à peine les lèvres.

**6** Cherchez l'ordre des mots, puis écrivez en pinyin :

| | | |
|---|---|---|
| *Bonjour Wang Yiwen.* | **Wáng/nǐ/Yīwén/hǎo** | 1. ............................. |
| *Est-ce que tu vas bien ?* | **hǎo/nǐ/ma ?** | 2. ............................. |
| *Ton petit frère va bien ?* | **hǎo/nǐ/dìdi/ma ?** | 3. ............................. |
| *C'est difficile ?* | **ma ?/nán** | 4. ............................. |
| *C'est très difficile !* | **hěn/nán !** | 5. ............................. |

## « Est-ce que… ? »

- L'interrogatif 吗？ **ma ?** *Est-ce que… ?* se place en fin de phrase.
- La question et la réponse ont strictement le même ordre des mots en chinois.

**7** Cherchez la question d'après la réponse :

| Questions finissant par 吗？ ma ? | Réponses | |
|---|---|---|
| 1. .............................<br>*Est-ce qu'il est arrivé ?* | **Tā dào le.** [t'a dào le]<br>*Il est arrivé.* | 他到了。 |
| 2. .............................<br>*Tu vas bien, Ma Li ?* | **Wǒ hěn hǎo.**<br>*Oui, je vais très bien.* | 我很好。 |
| 3. .............................<br>*(Est-ce que) Le français est difficile ?* | **Fǎwén hěn nán !**<br>*Le français, c'est très dur !* | 法文很难！ |
| 4. .............................<br>*Plus dur que l'anglais ?* | **Bǐ yīngwén nán.**<br>*Oui, plus dur que l'anglais.* | 比英文难。 |
| 5. .............................<br>*(Est-ce que) Tu veux l'apprendre ?* | **Yào xué.** [ssüé]<br>*Oui, je veux l'apprendre.* | 要学。 |

# C'EST DU CHINOIS !

## Un signe = une syllabe = un sens

- À chaque sinogramme correspondent une syllabe et un sens premier.
- Certains signes - comme par exemple l'interrogatif 吗 **ma ?** - n'ont pas de sens en soi, mais ils assurent une fonction grammaticale.
- L'espacement entre chaque sinogramme reste toujours le même. La virgule et le point occupent un espace.

**8** Transcrivez sous les signes. Obtenez-vous le même nombre de signes que de syllabes ?

马力，你好。 | Bonjour Ma Li.

1. ....................................................................................

王一文，你好吗？ | Wang Yiwen, tu vas bien ?

2. ....................................................................................

很好，你呢？ | Très bien, et toi ?

3. ....................................................................................

我到巴黎了！ | Je suis arrivé à Paris !

4. ....................................................................................

你要学法文吗？ | Tu veux apprendre le français ?

5. ....................................................................................

# C'EST DU CHINOIS !

## Le ton = la musique de chaque syllabe

Annie : Allô, Wang Yiwen ? Bonjour, j'ai presque fini le premier chapitre.

Wang : Tu as pensé à bien souffler après la lettre **h** du pinyin ?

Annie : Oui. Mais ce qui m'embête, ce sont tous ces accents !

Wang : Ce sont des tons, c'est-à-dire la musique de chaque syllabe. Regarde l'exercice 9. Dans le dico franco-chinois de Chine-nouvelle.com, tu peux écouter le ton d'une syllabe.

Annie : J'essaie et je te rappelle. 好吗？ **Hǎo ma ?**, *D'accord ?*

Wang : 好！ **Hǎo !** *D'accord !*

**9** Tracez vous-même les premiers tons :

Le **premier ton** est haut et continu, comme le son du diapason, sans aucune inflexion de voix. Il est donc noté par un trait plat au-dessus d'une voyelle. Par exemple **ā** et **ī**.

| Les voyelles ā et ī au premier ton aigu et constant | | | |
|---|---|---|---|
| ā | 1. wǒ mā | *ma mère* | 我妈 |
| ān | 2. Ān Ní | *Annie* | 安妮 |
| bā | 3. Bālí | *Paris* | 巴黎 |
| yī | 4. dì yī | *le premier* | 第一 |
| tā | 5. tā | *Il, lui* | 他 |

**10** Tracez vous-même les troisièmes tons :

| Les voyelles ǒ - ǐ - ǎ au troisième ton grave | | | |
|---|---|---|---|
| ǒ | 1. wǒ | *je, moi, mon* | 我 |
| ǐ | 2. nǐ | *tu, toi, ton* | 你 |
| ǎ | 3. hǎo | *bon, bien* | 好 |
| ǎ | 4. mǎ | *cheval* | 马 |
| ǎ | 5. fǎwén | *le français* | 法文 |

Le troisième ton est au contraire très bas. Alors prenez votre voix la plus grave quand vous voyez un **v** sur une voyelle. Par exemple : **ǒ** ; **ǐ** ; **ǎ**.

Bravo, vous êtes venu à bout du chapitre 1 ! Il est maintenant temps de comptabiliser les icônes et de reporter le résultat en page 128 pour l'évaluation finale.

# Traduire ou ne pas traduire le verbe « être » ?

### Les deux prononciations de i en pinyin

- Dans le chapitre 1, nous avons prononcé le i comme en français. Par exemple dans 你 **nǐ** et 弟弟 **dìdi**.
- Mais, après certaines consonnes ou paires de consonnes, le **i** est neutralisé. Il est alors proche du français [eu], comme dans les mots jeu ou ceux. Ce i neutralisé s'entend peu car les lèvres se contractent pour ne laisser passer qu'un filet d'air.
- Pour l'heure, nous avons besoin de neutraliser le **i** du pinyin dans le verbe 是 **shì** qui signifie *être* et se prononce [sheu]… à peu près comme dans le mot *fâcheux*.

**1** Numérotez ces répliques pour reconstituer le dialogue :

☐ 他是谁？
**Tā shì shéi ?** [t'a sheu sheï] | *Et lui, qui est-ce ?*

☐ 我是安妮。
**Wǒ shì** [sheu] **Ān Ní.** | *Je suis Annie.*

☐ 你好。你是……？
**Nǐ hǎo. Nǐ shì** [sheu] … ? | *Bonjour. Tu es… ?*

☐ 是我的老师。
**Shì wǒ de lǎoshī.** [lao-sheu] | *C'est mon professeur.*

☐ 他姓王。
**Tā xìng Wáng.** [t'a ssing wang] | *Il s'appelle/son nom de famille est Wang.*

**2** Ci-dessus, dans quels mots le **i** est-il neutralisé ?

| i est sonore comme en français dans : | i est neutralisé et se prononce [eu] dans : |
|---|---|
|  |  |

# TRADUIRE OU NE PAS TRADUIRE LE VERBE « ÊTRE » ?

## Identifier

- Le verbe d'identification 是 **shì** [sheu] est suivi d'un nom ou d'un pronom : *C'est ceci ou cela* ; *C'est moi* ; *C'est elle* ; etc.
- Il ne peut pas servir à localiser. Par exemple : *C'est ici* ; *C'est là-bas* ; etc.
- Il ne s'emploie pas pour qualifier. Par exemple : *C'est difficile* ; *C'est bien* ; etc.

**3** Cherchez l'ordre des mots sans déplacer l'interrogatif final :

你是谁？
**shì/nǐ/shéi ?** | *Qui es-tu ?*

1. ..................................................

你是安妮吗？
**Ān Ní/shì/nǐ/ma ?** | *Es-tu Annie ?*

2. ..................................................

你的老师是谁？
**nǐ de/shì/lǎoshī/shéi ?** | *Qui est ton professeur ?*

3. ..................................................

是李老师吗？
**Lǐ/shì/lǎoshī/ma ?** | *C'est madame (professeur) Li ?*

4. ..................................................

是她吗？
**shì/tā/ma ?** | *C'est elle ?*

5. ..................................................

**4** Écrivez en pinyin ces paires de caractères, avec les tons :

你/他　　是/师　　马/吗　　好/老　　他/她

1. .......... 2. .......... 3. .......... 4. .......... 5. ..........

## Apprendre à souffler après p - t - k

Au chapitre 1, nous avons dit de bien souffler après **h**, par exemple dans l'adjectif **hǎo** [h'ao] *bon, bien*. Voici trois autres consonnes qui se prononcent en soufflant :

- La syllabe **pa** se prononce [p'a]. Si vous ne soufflez pas, les Chinois entendent **ba**.
- La syllabe **ta** se prononce [t'a]. Si vous ne soufflez pas, les Chinois entendent **da**.
- La syllabe **ke** se prononce [k'e]. Si vous ne soufflez pas, les Chinois entendent **ge** [gue] comme dans *figue*.

Donc soufflez, soufflez, soufflez après **p - t - k**. Sinon on ne se comprend pas !

## TRADUIRE OU NE PAS TRADUIRE LE VERBE « ÊTRE » ?

**5** **Entourez les mots où il faut souffler après la consonne initiale :**

第一课难吗？
**Dì yī kè nán ma ?** [di yi k'e nann m_a]
*La première leçon était-elle difficile ?*

不难。
**Bù nán.** [bou nann]
*Non.* (pas difficile)

你冷吗？
**Nǐ lěng ma ?** [ni leun_g m_a]
*Tu as froid ?*

很冷。
**Hěn lěng.** [h'enn leun_g]
*Très froid.*

你怕冷吗？
**Nǐ pà lěng ma ?** [ni p'a leun_g m_a]
*Tu crains le froid ?*

没关系。
**Méi guānxi.** [meï gouann-ssi]
*Peu importe.*

你爱喝汤吗？
**Nǐ ài hē tāng ma ?** [ni aï h'e t'ang m_a]
*Tu aimes la soupe ?* (boire du bouillon)

爱喝，你呢？
**Ài hē, nǐ ne ?**
*Oui, et toi ?*

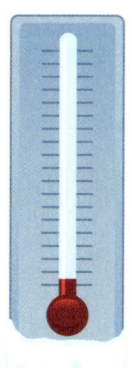

### L'adjectif verbal

- Les adjectifs servent de verbes : 老 **lǎo** signifie *vieux, âgé*, et aussi *être vieux, être âgé*. Par conséquent, il ne faut pas employer 是 **shì**, *être*, avant l'adjectif attribut. Pourquoi ? Le verbe 是 **shì** sert à identifier, non à qualifier.

- L'adjectif attribut est souvent précédé de 很 **hěn**, *très*, surtout s'il est monosyllabique.

**6** **Entourez les adjectifs verbaux :**

她很好。 **Tā hěn hǎo.** [t'a h'enn h'ao]  *Elle est très gentille.*

他很老。 **Tā hěn lǎo.**  *Il est très âgé.*

宝宝很可爱。 **Bǎobǎo hěn kě'ài.** [h'enn k'e-aï]  *Le bébé est mignon.*

好看吗？ **Hǎokàn ma ?** [h'ao-k'ann]  *C'est joli ?*

很好看。 **Hěn hǎokàn.**  *Très joli.*

很贵！ **Hěn guì !** [h'enn goué]  *C'est très cher !*

第一课不难。 **Dì yī kè bù nán.** [di yi k'e bou nann]  *La leçon 1 n'est pas difficile.*

# TRADUIRE OU NE PAS TRADUIRE LE VERBE « ÊTRE » ?

## Réponse négative

La négation 不 **bù** [bou] se place avant l'adjectif verbal. Mais souvenons-nous qu'en Asie contrer l'interlocuteur trop directement est impoli…

**7** Entourez les réponses polies :

| On vous dit : | | Vous réagissez de façon polie ou impolie : | |
|---|---|---|---|
| 好吗？ | Hǎo ma ?<br>D'accord ? | 不好。 | 1. Bù hǎo.<br>Non. (pas bon) |
| 你冷吗？ | Nǐ lěng ma ?<br>Tu as froid ? | 不冷，你呢？ | 2. Bù lěng, nǐ ne ?<br>Non, et toi ? |
| 难吗？ | Nán ma ?<br>C'est difficile ? | 可以。 | 3. Kěyi. [k'e-yi]<br>Ça peut aller. |
| 好看吗？ | Hǎokàn ma ?<br>C'est beau ? | 不好看。 | 4. Bù hǎokàn.<br>Non.(pas beau) |

## Le quatrième ton, bref et plongeant

- Le 4ᵉ ton est noté d'un trait descendant \ sur une voyelle. Il n'altère pas la voyelle : ce n'est pas un accent mais la mélodie de la syllabe entière. Comparons les mélodies :
- le 1ᵉʳ ton est une note haute et continue : **lāāā** ;
- le 4ᵉ ton descend abruptement dans les graves : **là** !

- En français, on entend un 4ᵉ ton quand on parle autoritairement : *Pose-le là !* Mais en chinois, il s'agit seulement du ton qui distingue la syllabe et la lie à un sens. Par exemple :

  拉 **lā** veut dire *tirer*, mais 辣 **là** veut dire *pimenté* ;
  妈 **mā** mère, mais 骂 **mà** *insulter, gronder* ;
  八 **bā** huit, mais 爸 **bà** *père*, etc.

- Le verbe être 是 **shì** [sheu] se dit au 4ᵉ ton. Sa voyelle **i** étant neutralisée, il vous suffit de le prononcer [sh] sans voyelle. En pinyin, **sh** est inspiré de l'anglais : il se prononce comme dans les mots *short* ou *show*.

## TRADUIRE OU NE PAS TRADUIRE LE VERBE « ÊTRE » ?

**8** Cherchez des mots ou groupes de mots comportant les syllabes suivantes au 4ᵉ ton :

| Syllabe au 4ᵉ ton : | Dans : | Sens : |
|---|---|---|
| lì | ex. Mǎ Lì | *Ma Li* (un nom de personne) |
| dì | 1. | |
| mì | 2. | |
| bà | 3. | |
| pà [p'a] | 4. | |
| ài [aï] | 5. | |
| bù [bou] | 6. | |
| guì [goué] | 7. | |
| kè [k'e] | 8. | |
| kàn [k'ann] | 9. | |
| shì [sheu] ou [sh] | 10. | |

### Présenter quelque chose ou quelqu'un

- 这是 **zhè shì** [dje sheu] *ceci est, c'est*, introduit ce que l'on présente. Montrant une photo, vous direz par exemple :

  这是巴黎。 **Zhè shì Bālí.** *C'est Paris.*

- Pour différencier deux choses, on utilise aussi 那是 **nà shì** [na sheu] *cela est, voilà* :

  这是巴黎，那是柏林。 **Zhè shì Bālí, nà shì Bólín.** *Voici Paris et voilà Berlin.*

- Pour présenter quelqu'un de façon formelle, on met le classificateur de politesse **wèi** après le démonstratif : 这位是 **Zhè wèi shì**. *Je vous présente.* Par exemple :

  这位是我的中文老师。 **Zhè wèi shì wǒ de zhōngwén lǎoshī.**
  *Voici / Je vous présente mon professeur de chinois.*

# TRADUIRE OU NE PAS TRADUIRE LE VERBE « ÊTRE » ?

 **Cherchez l'ordre des mots :**

| | |
|---|---|
| 这是中文吗？是。<br>*C'est du chinois ? - Oui.* | ma / zhōngwén [djong–wenn] / shì / zhè / shì<br>1. |
| 这位是王一文。<br>*Je te présente Wang Yiwen.* | wèi / Wáng / zhè / shì / Yīwén<br>2. |
| 方克是你的法文老师吗？<br>*Frank est ton professeur de français ?* | shì / nǐ de / fǎwén / lǎoshī / ma / Fāng Kè<br>3. |
| 这是上海吗？<br>*Est-ce Shanghai ?* | Shànghǎi [shang-h'aï] / ma / shì / zhè<br>4. |
| 这是我爸妈，那是我妹妹。<br>*Voici mes parents et voilà ma petite sœur.* | zhè / shì / shì / nà / wǒ / wǒ / mèimei / bàma<br>5. |

## Le deuxième ton est montant

- Le 2ᵉ ton part d'un peu plus bas que le 1ᵉʳ ton et monte pour le rejoindre. On peut le dissocier en deux notes pour s'habituer :

| | | | |
|---|---|---|---|
| 茶 | **chá** ♫ | [tcha] | *thé* |
| 文 | **wén** ♫ | [wenn] | *écriture, langue* |
| 人 | **rén** ♫ | [jenn] | *personne, humain* |
| 国 | **guó** ♫ | [gou'o] | *pays* |
| 中国 | **Zhōngguó** | [djong–gou'o] | *la Chine* |

- Le 2ᵉ ton se trace sur une voyelle en montant ↗ ♫. Rien à voir avec l'accent aigu !

- Une règle importante : devant un 4ᵉ ton, la négation 不 **bù** devient **bú**. Elle passe donc du 4ᵉ ton descendant au 2ᵉ ton montant :

| | | | |
|---|---|---|---|
| 不多。 | **Bù duō.** | [bou dou'o] | *Il n'y en a pas beaucoup.* |
| 不难。 | **Bù nán.** | [bou nann] | *Ce n'est pas difficile.* |
| 不冷。 | **Bù lěng.** | [bou leung] | *Il ne fait pas froid.* |
| 不是。 | **Bú shì.** | [bou sheu] | *Non, ce n'est pas ça.* |

## TRADUIRE OU NE PAS TRADUIRE LE VERBE « ÊTRE » ?

 Un journaliste de China Central Television interroge un petit canadien d'origine chinoise au jardin d'enfant :

| Questions du journaliste de CCTV : | | Réponses brèves de Li Ming : |
|---|---|---|
| 中国人多吗？ | **Zhōngguórén duō ma ?**<br>[djong-gou'o-jenn dou-o ma] | 1. .................................. |
| 你是中国人吗？ | **Nǐ shì Zhōngguórén ma ?**<br>[ni sheu djong-gou'o-jenn ma] | 2. .................................. |
| 中文难吗？ | **Zhōngwén nán ma ?**<br>[djon$_g$-wenn nann ma] | 3. .................................. |
| 你冷吗？ | **Nǐ lěng ma ?**<br>[ni leun$_g$ ma] | 4. .................................. |
| 你爱喝牛奶吗？ | **Nǐ ài hē niúnǎi ma ?**<br>[ni aï h'e niou-naï ma] | 5. .................................. |

Bravo, vous êtes venu à bout du chapitre 2 ! Il est maintenant temps de comptabiliser les icônes et de reporter le résultat en page 128 pour l'évaluation finale.

# 3

# Compter et chanter

## Compter jusqu'à 7 pour dire l'année

- 一 **yī** [ii] *un* ; 二 **èr** [er] *deux* ; 三 **sān** [sann] *trois*

Dans **èr** deux, **è** n'est pas un accent grave mais un 4$^e$ ton plongeant. La voyelle **e** se prononce ici comme dans « le » en français. Le **r** final évoque un peu l'accent américain. C'est un son rétroflexe : le bout de la langue se courbe vers le palais sans le toucher.

- 四 **sì** [seu] *quatre* ; 五 **wǔ** [wou] *cinq* ; 六 **liù** [liou] *six* ; 七 **qī** [tch'ii] *sept*

- **i** est neutralisé [eu] après **s** :   pour **sì**, on entend [seu] ;
- **i** est sonore après **q** :   pour **qī**, on entend [tch'ii] ;
- **u** se prononce ici [ou] ici :   pour **wǔ** et **liù**, on entend [wou] et [liou].

- *Zéro* se dit 零 **líng** et *année* 年 **nián** [nienn]. *L'an 3001* devrait donc se dire **sān líng líng yī nián** (trois zéro zéro un an)… à revoir d'ici là ! Les années chinoises ne s'ajoutent pas, elles se numérotent. Le calendrier grégorien, introduit il y a un siècle, n'a pas la même signification historique qu'en Occident.

**1** **Prononcez, puis écrivez en pinyin :**

2016年 ......................................................

2017年 ......................................................

2022年 ......................................................

2034年 ......................................................

# COMPTER ET CHANTER

## Compter jusqu'à 12 pour dire l'heure

- 七 **qī** [tch'ii] *sept*, 八 **bā** *huit*, 九 **jiǔ** [dyoᴵou] *neuf*.

Le pinyin recycle les lettres **q** et **j** pour deux phonèmes absents du français et de l'anglais !
- Pour dire **qī**, soufflez fort [tch'ii] et restez au 1er ton haut et plat.
- Pour dire **jiǔ**, dites [dyo] puis [dyoᴵou] en restant dans les graves du 3e ton.
- 十 **shí** [sheu] *dix*, 十一 **shí yī** [sheu ii] *onze*, 十二 **shí èr** [sheu er] *douze*.
- Vous connaissez la syllabe **shì** au 4e ton descendant dans le verbe 是 *être*.
- Nous voici au 2e ton montant et le sens change : 十 **shí** *dix*.
- Viennent ensuite **shí yī** (dix un) *onze*, **shí èr** (dix deux) *douze*, etc. jusqu'à 19.
- Sachant que *heure* se dit 点 **diǎn** [dienn], vous direz : 七点了。 **Qī diǎn le** [tch'ii dienn le] *Il est sept heures* (à présent).

**2** Dites l'heure en vous aidant du modèle :

| 07:10 | **Qī diǎn shí fēn le.** *(sept heures dix minutes à présent)* | Il est sept heures dix. |
|---|---|---|
| 08:00 | | Il est huit heures. |
| 09:12 | | Il est neuf heures douze. |
| 10:00 | | Il est dix heures. |
| 11:00 | | Il est onze heures. |
| 15:16 | **Sān diǎn…** | Il est trois/quinze heures seize. |

## COMPTER ET CHANTER

### ❸ Cherchez les équivalences :

1. liù diǎn [liou dienn]    A. 2018年
2. èr líng wǔ líng nián [nienn]    B. 16:18
3. èr líng yī bā nián    C. 2019年
4. qī [tch'i] diǎn shí fēn    D. 18:00
5. sì [seu] diǎn shí [sheu] bā fēn    E. 2050年
6. èr líng yī jiǔ nián    F. 07:10

> **Nombre ordinal**
>
> On ajoute 第 **dì** devant un chiffre ou un nombre pour le rendre ordinal : 第一 **dì yī** *le premier, la première* ; 第二 **dì èr** *le/la deuxième*. Et ainsi de suite.

### ❹ Complétez le pinyin avec les tons :

| | | |
|---|---|---|
| 第几课？ | 0. dì jǐ kè ? [di dyi k'e] | quelle leçon ? |
| 第一课 | 1. dì yī kè | la 1re leçon |
| 第二课 | 2. | la leçon 2 |
| 第三课 | 3. | la leçon 3 |
| 第四课 | 4. | la quatrième leçon |
| 第五课 | 5. | la cinquième leçon |
| 第六课 | 6. | la sixième leçon |
| 第一年 | 7. dì yī nián [nienn] | la première année |
| 第二年 | 8. | la deuxième année |
| 第三点 | 9. dì sān diǎn [dienn] | le troisième point |
| 第四点 | 10. | le quatrième point |

## COMPTER ET CHANTER

### L'ordre des mots est fonctionnel

- En chinois, l'ordre des mots est fonctionnel et fixe. Si vous traduisez les mots dans l'ordre du français, on ne vous comprend pas.
- Nous allons apprendre à placer le repère temporel entre le sujet et l'élément verbal.

**5** Traduisez en observant la place différente du repère temporel en chinois et français :

| shàngwǔ [shang -wou] | le matin |
| zhōngwǔ [djong-wou] | midi, milieu de journée |
| è [e] | avoir faim |
| hē chá [h'e tcha] | boire du thé |
| hē kāfēi [h'e k'a-feï] | prendre un café |
| chī fàn [tcheu fann] | prendre un repas, manger |

| Sujet | Repère temporel | Groupe verbal | |
|---|---|---|---|
| 我 | 上午 9:00 | 喝茶。 | **ex.** *Je bois du thé à 9h le matin.* |
| Wǒ | shàngwǔ jiǔ diǎn | hē chá. | |
| 我 | 11:00 | 喝咖啡。 | 1. |
| Wǒ | shí yī diǎn | hē kāfēi. | |
| 我 | 中午 | 很饿。 | 2. |
| Wǒ | zhōngwǔ | hěn è. | |
| 我 | 中午 13:00 | 吃饭。 | 3. |
| Wǒ | zhōngwǔ yī diǎn | chī fàn. | |

### Astuces pour distinguer les sinogrammes

Quand on cherche à reconnaître peu à peu les caractères chinois, il importe de repérer :
- certains éléments graphiques usuels ;
- symétrie et dissymétrie ;
- la partie gauche et la partie droite ;
- la partie haute et la partie basse.

## COMPTER ET CHANTER

**6** Chaque paire de signes a un élément graphique commun. Lequel ?

我/饿　　吃/喝　　马/妈　　饭/饿

1. wǒ / è
je, moi / avoir faim

2. chī / hē
manger / boire

3. mǎ / mā
cheval / mère

4. fàn / è
repas, riz / avoir faim

文/这　　你/他　　他/她　　吗/呢

5. wén / zhè
signe / ceci, ce

6. nǐ / tā
tu, toi / il, lui

7. tā / tā
il, lui / elle

8. ma / ne
(particules finales interrogatives)

**7** Localisez la différence graphique entre ces paires :

弟/第　　难/谁　　九/几　　文/这

1. dì / dì
petit frère / (pour les nombres ordinaux)

2. nán / shéi
difficile / qui ?

3. jiǔ / jǐ
le chiffre neuf / combien ?

4. wén / zhè
signe / ceci, ce

**8** Quel signe est commun à chaque paire de mots ?

上午/中午　　中午/中国　　中文/法文

1. matin / midi

2. midi / Chine

3. langue chinoise / langue française

**9** Classez ces signes en symétriques ou dissymétriques :

| 是 | 八 | 点 | 十 | 一 | 年 | 六 | 王 | 国 | 不 |
|---|---|---|---|---|---|---|---|---|---|
| shì | bā | diǎn | shí | yī | nián | liù | wáng | guó | bù |
| être | huit | point, heure | dix | un | année, an | six | roi | pays | ne pas |

Sont quasiment symétriques les signes…

……………………………………………

……………………………………………

Sont dissymétriques les signes…

……………………………………………

……………………………………………

**COMPTER ET CHANTER**

## Le carré des tons

Wang Yiwen : Allô ? Annie ?

Annie : 是我。你好吗？ **Shì wǒ. Nǐ hǎo ma ?** *Oui, c'est moi. Tu vas bien ?*

Wang : 很好，你呢？ **Hěn hǎo, nǐ ne ?** *Très bien, et toi ? Tu t'en sors ?*

Annie : J'avance petit à petit…

Wang : J'aime bien le dicton français : « Petit à petit, l'oiseau… l'oiseau… »

Annie : « L'oiseau fait son nid ! » Mais tu sais, il y a du monde dans le nid : les quatre tons, les sinogrammes, les chiffres, les repères temporels… et j'en passe.

Wang : Regarde ta messagerie, je t'envoie un petit schéma des quatre tons…

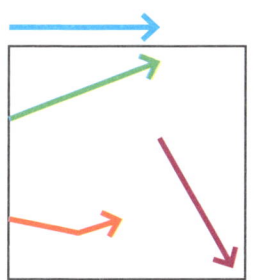

Le 1ᵉʳ ton est **haut et continu**

Le 2ᵉ ton **monte** vers le 1ᵉʳ

Le 3ᵉ est **bas et remonte un peu vers la fin**

…et le 4ᵉ **ton plonge vers les graves**

**10** Classez ces animaux selon le ton :

| 牛 | 马 | 蛇 | 鸡 | 象 | 羊 | 鹿 |
|---|---|---|---|---|---|---|
| **niú** [niou] *bœuf* | **mǎ** *cheval* | **shé** *serpent* | **jī** [dyii] *poulet* | **xiàng** [ssiang] *éléphant* | **yáng** *mouton* | **lù** [lou] *cerf* |

1ᵉʳ ton ....................................................  3ᵉ ton ....................................................

2ᵉ ton ....................................................  4ᵉ ton ....................................................

## COMPTER ET CHANTER

| Le petit Li Ming n'arrive pas à s'endormir : une vieille comptine lui trotte dans la tête. | | |
|---|---|---|
| 1, 2, 3, 4, 5… | **Yī, èr, sān, sì, wǔ…** | [yi, er, sann, seu, wou] |
| 上山打老虎， | **Shàng shān dǎ lǎohǔ,**<br>*(monter montagne abattre tigre)* | [shang shann da lao-h'ou] |
| 老虎打不到， | **lǎohǔ dǎ-bu-dào,**<br>*(tigre abattre-pas-réussir)* | [lao-h'ou da-bou-dao] |
| 打到小松鼠。 | **dǎ-dào xiǎo sōngshǔ.**<br>*(alors abattre petits écureuils)* | [da-dao ssiao song-shou] |
| 松鼠有几个？ | **Sōngshǔ yǒu jǐ ge ?**<br>*(écureuils avoir combien ?)* | [song-shou yo'ou dyi gue] |
| 让我数一数： | **Ràng wǒ shǔ-yi-shǔ :**<br>*(laisse-moi compter-un-compter)* | [jang wo shou-yi-shou] |
| 1, 2, 3, 4, 5… | **Yī, èr, sān, sì, wǔ…** | [yi, er, sann, seu, wou] |
| 6, 7, 8, 9, 10… | **liù, qī, bā, jiǔ, shí…** | [liou, tch'ii, ba, dyio'ou, sheu] |

**II** Classez les chiffres et les mots de la comptine selon leur ton :

| 1er ton : ―<br>haut et continu | 2e ton : ↗<br>montant | 3e ton : ▼<br>bas | 4e ton : ↘<br>plongeant et bref |
|---|---|---|---|
| | | | |

Bravo, vous êtes venu à bout du chapitre 3 ! Il est maintenant temps de comptabiliser les icônes et de reporter le résultat en page 128 pour l'évaluation finale.

# 4 Traduire le verbe « avoir »

## Oui et non

- Le verbe avoir se dit 有 **yǒu** [yo'ou]. Ce verbe possède sa négation propre : 没 **méi** [meï]. Donc, la négation 不 **bù** [bou] que vous avez apprise est proscrite avec **yǒu** *avoir*. Mieux vaut bien mémoriser ce tableau pour éviter les erreurs :

| | Affirmatif | | Négatif |
|---|---|---|---|
| 是 | **shì** [sheu] *être, oui* | 不是 | **bú shì** *ne pas être, non* |
| 有 | **yǒu** [yo'ou] *avoir, oui* | 没有 | **méi yǒu** *ne pas avoir, non* |

- Cette différence de négation est essentielle car, pour répondre *oui* et *non* en chinois, on répète le plus souvent l'élément verbal de la question.

**❶ Répétez le verbe de la question pour répondre oui et non :**

| Questions : | | Oui. | Non. |
|---|---|---|---|
| 这是茶壶吗？<br>Ça, c'est une théière ? | **Zhè shì cháhú ma ?**<br>[dje sheu tcha-h'u m_a] | 是。<br>**Shì.**<br>[sheu] | 不是。<br>**Bú shì.**<br>[bou sheu] |
| 有绿茶吗？<br>Y a-t-il du thé vert ? | **Yǒu lǜchá ma ?**<br>[yo'ou lü-tchá m_a] | 有。<br>**Yǒu.**<br>[yo'ou] | 没有。<br>**Méi yǒu.**<br>[meï yo'ou] |
| 有水壶吗？<br>Y a-t-il une bouilloire ? | **Yǒu shuǐ-hú ma ?**<br>[yo'ou shoué-h'u m_a] | 1. | 2. |
| 这是茶杯吗？<br>Ce sont des tasses à thé ? | **Zhè shì chábēi ma ?**<br>[dje sheu tcha-beï m_a] | 3. | 4. |

# TRADUIRE LE VERBE « AVOIR »

**2** Même exercice :

| Questions : | | Oui. | Non. |
|---|---|---|---|
| 你喝红茶吗？<br>*Bois-tu du thé (rouge) ?* | Nǐ hē hóngchá ma ?<br>[ni h'e h'ong-tcha ma] | 喝。<br>**Hē.** | 不喝。<br>**Bù hē.** |
| 茶壶好看吗？<br>*La théière est jolie ?* | Cháhú hǎokàn ma ?<br>[tcha-h'ou h'ao-k'ann ma] | 好看。<br>**Hǎokàn.** | 不好看。<br>**Bù hǎokàn.** |
| 绿茶贵吗？<br>*Le thé vert est-il cher ?* | Lǜchá guì ma ?<br>[lü-tcha goué ma] | 1. | 2. |
| 你冷吗？<br>*Est-ce que tu as froid ?* | Nǐ lěng ma ?<br>[ni leung ma] | 3. | 4. |
| 你懂吗？<br>*Tu comprends ?* | Nǐ dǒng ma ?<br>[ni dong ma] | 5. | 6. |

## Ding, deng, dong !

Wang Yiwen : 第四课难吗？ **Dì sì kè nán ma ?** *La leçon 4 est-elle difficile ?*

Annie : 不太难，但是…… **Bú tài nán, dànshi…** *Pas trop difficile, mais…*

Wang : 什么问题？ **Shénme wèntí ?** *Quel est le problème ?*

Annie : Dans la prononciation à la française, je vois des petits « g » à la fin de certains mots. Par exemple : **lěng** *avoir froid*, **dǒng** *comprendre*, ou encore **hóng** *rouge*.

Wang : Oui, ce **g** final du pinyin ne s'entend pas.

Annie : Pourquoi l'écrire alors ?

Wang : Pour nasaliser la voyelle. En France, les cloches font « ding, deng, dong » et les gens prononcent le « g » final, n'est-ce pas ?

Annie : Oui.

Wang : Pas en chinois. Pour faire attendre, tu dis : **Děng-yi-děng**, *Attends un peu*. Le **e** se nasalise peu à peu et on s'arrête juste avant de prononcer le **g** : [deung]. Essaie !

Annie : 懂了。**Dǒng le !** [do'ong le] *J'ai compris !*

Wang : Et d'ailleurs Tintin se dit 丁丁 **Dīng Dīng** et on n'entend pas les deux **g**.

TRADUIRE LE VERBE « AVOIR »

 **3** Prononcez ce vocabulaire, puis associez les répliques :

| | |
|---|---|
| **chī yú** [tcheu yü] | *manger du poisson* |
| **hē shuǐ** [h'e shoué] | *boire de l'eau* |
| **děng** [deung] | *attendre* |
| **děng nǐ** [deung ni] | *t'attendre* |
| **kě** [k'e] | *avoir soif* |
| **hěn kě** [h'enn k'e] | *avoir très soif* |
| **lèi** [leï] | *être fatigué* |
| **yǒudiǎn lèi** [yoʰou-dienn k'e] | *être un peu fatigué* |
| **shénme ?** [she-me] | *quoi ? qu'est-ce que ?* |

我很渴，你有水吗？
1. Wǒ hěn kě, nǐ yǒu shuǐ ma ?

累吗？
2. Lèi ma ?

你吃什么？
3. Nǐ chī shénme ?

我爱她。
4. Wǒ ài tā.

我中午12：00等你。
5. Wǒ zhōngwǔ shí èr diǎn děng nǐ, hǎo ma ?

有点累，你呢？
A. Yǒudiǎn lèi, nǐ ne ?

好。
B. Hǎo.

我吃鱼。
C. Wǒ chī yú.

有冷水。
D. Yǒu lěng shuǐ.

但是她不爱你……
E. Dànshi tā bú ài nǐ…

### Deux voyelles enchaînées = une diphtongue

- Remarquez la diphtongue du verbe avoir 有 **yǒu** [yoʰou]. Le 3ᵉ ton est noté sur **o** qui s'entend davantage. La diphtongue transcrite ou en pinyin peut induire en erreur. En fait, on entend d'abord un **o** ouvert, comme dans <u>or</u>, suivi de la vocalique **u** [ou] : **yǒu** [yo'ou].

- Nous avons aussi utilisé la diphtongue **uo** [ou'o] dans les mots **guó** *pays* et **duō** *beaucoup, nombreux*. Et encore la diphtongue **ui** [oué] dans les mots **guì** [goué] et **shuǐ** [shoué]. Connaissez-vous déjà le mot **duì** *exact, c'est exact ?* Il se prononce à peu près comme l'adjectif « doué(e)» en français.

## TRADUIRE LE VERBE « AVOIR »

**4** Cherchez les diphtongues de cette phrase, puis classez les mots :

李明说中国人很多很多，但他没有说中国人太多！对吗？

**Lǐ Míng shuō Zhōngguórén hěn duō hěn duō, dàn tā méi yǒu shuō Zhōngguórén tài duō ! Duì ma ?**

*Li Ming a dit que les Chinois étaient très très nombreux, mais il n'a pas dit qu'ils étaient trop nombreux ! N'est-ce pas ?*

| uo [ou'o] | ou [o'ou] | ui [oué] | ai [aï] | ei [eï] |
|---|---|---|---|---|
| 1. | 4. | 5. | 6. | 7. |
| 2. | | | | |
| 3. | | | | |

**5** Achevez oralement les phrases en surveillant vos diphtongues...

| 朋友 | **péngyou** [p'eng-yo'ou] | *ami, amie* |
|---|---|---|
| 高楼 | **gāolóu** [gao-lo'ou] | *grand immeuble* |
| 欧洲 | **Ōuzhōu** [o'ou-djo'ou] | *Europe* |
| 什么？ | **shénme ?** | *quoi ? qu'est-ce que ?* |
| 厕所 | **cèsuǒ** [tse-sou'o] | *WC* |
| 德国 | **Déguó** [de-gou'o] | *Allemagne* |

*Y a-t-il des toilettes ?*    **1. Yǒu…**    有＿

*Je vous présente un ami allemand.*    **2. Zhè wèi shì…**    这位是＿

*Li Ming, qu'est-ce que tu dis ?*    **3. Lǐ Míng, …**    李明，＿

*C'est exact ? – Oui.*    **4. Duì ma ? – …**    对吗？＿

*Les Européens sont-ils nombreux ?*    **5. Ōuzhōurén…**    欧洲人＿

*Les Chinois aiment-ils les grands immeubles ?*    **6. Zhōngguórén ài…**    中国人＿

## TRADUIRE LE VERBE « AVOIR »

 **Prononcez le vocabulaire, puis complétez le pinyin du dialogue :**

| míngtiān [ming-t'ienn] | demain |
| wǎnshang [wann-shang] | soir |
| yǒu kòng [yo'ou k'ong] | être libre (avoir vide) |
| méi yǒu kòng | ne pas avoir le temps, être pris |
| duìbuqǐ [doué-bou-tch'ii] | excuse-moi, excusez-moi |
| méi guānxi [meï gouann-ssi] | peu importe, pas grave |
| zhōusān [djo'ou-sann] | mercredi (semaine trois) |
| yǒu shì [yo'ou sheu] | avoir qqch. à faire, être pris |
| kěyi [k'e-yi] | pouvoir, être possible |
| jiàn [dyienn] | voir, se voir, se retrouver |

甲：你明天晚上有空吗？ 　　1. Jiǎ : Nǐ míngtiān wǎnshang yǒu kòng ma ?

乙：对不起，没有空。 　　2. Yǐ : ....................................

甲：没关系。 　　3. Jiǎ : Méi guānxi.

乙：你周三有事吗？ 　　4. Yǐ : ....................................

甲：没有，周三晚上八点可以。 　　5. Jiǎ : Méi yǒu, zhōusān wǎnshang bā diǎn kěyi.

乙：好，周三见。 　　6. Yǐ : ....................................

甲：周三见。 　　7. Jiǎ : Zhōusān jiàn.

## TRADUIRE LE VERBE « AVOIR »

### Le clavier ne suffit pas !

Annie : Tu sais, je m'habitue à l'ordre des mots chinois.

Wang : 那好。 **Nà hǎo.** *Tant mieux.* Et le pinyin ?

Annie : J'ai écouté la prononciation de certaines diphtongues sur Chine-nouvelle.com et vérifié mes tons.

Wang : 好主意！ **Hǎo zhǔyì !** *Bonne idée !* Et les consonnes bizarres ?

Annie : En ce moment, c'est **x** qui me perturbe.

Wang : Pas étonnant, les journalistes du monde entier se trompent avec ce Monsieur **X** ! Écoute, tu fais comme pour les « chaussettes de l'archiduchesse », tu mélanges [ch] et [s]. Tu obtiens un phonème chuintant [sss].

Annie : Mais pourquoi avoir choisi la lettre **x** pour transcrire [shsshss] ?

Wang : Euh, il n'y a pas assez de consonnes sur le clavier pour transcrire le chinois !

**7** Associez chaque question à ce que la personne veut savoir :

Questions :

1. 有水吗？
2. 有鱼吗？
3. 你有空吗？
4. 有问题吗？
5. 安妮有中国朋友吗？
6. 没有厕所吗？
7. 有人吗？
8. 有什么汤？

La personne veut savoir…

A. s'il y a quelqu'un
B. s'il n'y a pas de toilettes
C. si Annie a des amis chinois
D. s'il y a du poisson
E. quelles soupes sont servies
F. s'il y a de l'eau
G. s'il y a un problème ou une question
H. si l'interlocuteur est libre ou pris

## TRADUIRE LE VERBE « AVOIR »

### « i » comme dans « Merci » et « Je vous en prie »

Après les consonnes **j – q – x – y** du pinyin, le **i** se prononce comme en français :

**ji** [dyi]     **qi** [tch'i]     **xi** [ssi]     **yi** [yi]

**8** Écrivez le pinyin :

几点了？　　1. ................................................   | Quelle heure est-il ?
　　　　　　[dji dienn le]

七点一刻。　2. ................................................   | Sept heures et (un) quart
　　　　　　[tch'i dienn yi k'e]

谢谢。　　　3. ................................................   | Merci.
　　　　　　[ssié-ssié]

不客气。　　4. ................................................   | Je vous en prie.
　　　　　　[bou k'e-tch'i]                                     | (ne soyez pas poli)

有人喝咖啡。5. ................................................   | Il y a des gens qui
　　　　　　[h'e k'a-feï]                                       | boivent du café.

**9** Entourez les syllabes où i est neutralisé et se prononce [eu] :

| wèntí | sì | shì | Lǐ Míng | guānxi | hǎo zhǔyì |
|---|---|---|---|---|---|
| question | quatre | être | (n. propre) | relation | bonne idée |
| **Mǎ Lì** | **Bālí** | **Wáng Yīwén** | **nǐ** | **dìdi** | **kèqi** |
| (n. propre) | Paris | (n. propre) | tu, toi | petit frère | poli |
| **dì yī** | **míngtiān** | **méi yǒu** | **liù** | **jiǔ** | **nián** |
| le premier | demain | ne pas avoir | six | neuf (chiffre) | année |
| **chī fàn** | **líng** | **diǎn** | **ài** | **lèi** | **shí** |
| manger | zéro | heure | aimer | fatigué | dix |

# TRADUIRE LE VERBE « AVOIR »

**10** Répondez ou réagissez avec la négation qui convient :

|  |  | 不 bù/bú | 没 méi |
|---|---|---|---|
| 有问题吗？ | 1. Yǒu wèntí ma ? | ☐ | ☐ |
| 你是马力吗？ | 2. Nǐ shì Mǎ Lì ma ? | ☐ | ☐ |
| 你累吗？ | 3. Nǐ lèi ma ? | ☐ | ☐ |
| 谢谢你。 | 4. Xièxie nǐ. | ☐ | ☐ |
| 对不起。 | 5. Duìbuqǐ. | ☐ | ☐ |
| 你懂吗？ | 6. Nǐ dǒng ma ? | ☐ | ☐ |
| 明天有空吗？ | 7. Míngtiān yǒu kòng ma ? | ☐ | ☐ |
| 对吗？ | 8. Duì ma ? | ☐ | ☐ |
| 你怕什么？ | 9. Nǐ pà shénme ? | ☐ | ☐ |
| 太难了！ | 10. Tài nán le ! | ☐ | ☐ |
| 你是德国人吗？ | 11. Nǐ shì Déguórén ma ? | ☐ | ☐ |
| 宝宝喝茶吗？ | 12. Bǎobǎo hē chá ma ? | ☐ | ☐ |

Bravo, vous êtes venu à bout du chapitre 4 ! Il est maintenant temps de comptabiliser les icônes et de reporter le résultat en page 128 pour l'évaluation finale.

# 5
# Localiser : « Où es-tu ? »

## Localiser

- Le verbe 在 **zài** [dzaï] sert à localiser et signifie *se trouver*, *être quelque part*, ou encore *être présent*. Son signe inclut un élément graphique désignant *le sol*, *la terre*, 土 **tǔ**.
- Attention : le verbe 是 **shì** sert à identifier, non à localiser. Comparez :
– 是北京。 **Shì Běijīng.** [sheu beï-dying] *C'est Pékin.*
– 在北京。 **Zài Běijīng.** [dzaï beï-dying] *C'est à Pékin.*

**1** Numérotez le pinyin pour reconstituer ce coup de fil amical. Puis recopiez les phrases dans le bon ordre :

☐ 我在家。
**Wǒ zài jiā** [dzaï dyia]. | *je être maison*

☐ 你在家做什么？
**Nǐ zài jiā zuò** [dzou-o] **shénme ?** | *tu être maison faire quoi ?*

☐ 喂？马力？
**Wéi ? Mǎ Lì ?** | *allô ? Ma Li ?*

☐ 是我。你好。
**Shì wǒ. Nǐ hǎo.** | *être moi. bonjour*

☐ 你在哪里？
**Nǐ zài nǎli ?** | *tu être où ?*

☐ 工作。
**Gōngzuò** [gong-dzou'o]. | *travailler*

☐ 那你过来喝杯咖啡吧
**Nà nǐ guò-lái** [gou'o-laï] **hē bēi kāfēi ba...** | *alors tu venir boire tasse café donc*

1. ....................................
2. ....................................
3. ....................................
4. ....................................
5. ....................................
6. ....................................
7. ....................................

## LOCALISER : « OÙ ES-TU ? »

### Z : un piège !

- Quand un francophone voit la lettre « z », à quels mots pense-t-il ? Peut-être à un zoo avec un zèbre et un zébu qui zigzaguent…

- Mais, en pinyin, **z** a été choisi pour transcrire le son [dz], comme dans *Dzoungarie*. Retenez-le dans deux verbes très fréquents : 在 **zài** [dzaï] *se trouver* (quelque part) et 做 **zuò** [dzou'o] *faire*.

- Quant au son [dj], comme dans *djinn* ou *Django*, il est transcrit **zh** en pinyin. En fait, vous l'avez déjà rencontré dans **Zhōngguó** [djong-gou'o] *la Chine*, et dans **zhè** [dje] *ceci*.

**2** Classez ces mots d'après la prononciation de leur initiale :

| L'initiale se prononce… | 住<br>zhù<br>*habiter* | 在<br>zài<br>*se trouver* | 坐<br>zuò<br>*s'asseoir* | 找<br>zhǎo<br>*chercher* | 这里<br>zhèli<br>*ici* |
|---|---|---|---|---|---|
| [dj] comme dans *Django* | X | | | | |
| [dz] comme dans *Dzoungarie* | | | | | |

**3** Cherchez l'ordre des mots et écrivez les phrases :

找谁您
**zhǎo nín shéi** | *Qui cherchez-vous ?*

1. ........................................

吗在王大夫
**ma zài Wáng Dàifu** | *Le Docteur Wang est-il là ?*

2. ........................................

请坐在
**qǐng zuò zài** | *Oui. Asseyez-vous, s'il vous plaît.*

3. ........................................

**LOCALISER : « OÙ ES-TU ? »**

**4** Surlignez ce qui distingue graphiquement ces six paires de signes :

| 我/找 | 哪？/那 | 大/太 | 你/您 | 住/在 | 大/夫 |
|---|---|---|---|---|---|
| wǒ/zhǎo | nà ?/nǎ | dà/tài | nǐ/nín | zhù/zài | dài /fū |
| je/chercher | lequel ?/cela | grand/trop | tu/vous | habiter/se trouver | grand/maître |

### « Où suis-je ? »

- Vous avez un plan de ville en main, mais vous ne savez plus où vous vous trouvez exactement. Vous montrez votre plan à un passant en demandant :
我在哪里？ **Wǒ zài nǎli ?**     ou bien     我在哪儿？ **Wǒ zài nǎr ?**

- C'est la même question « Où suis-je ? » dans les deux cas. Mais 哪里 **nǎli** se dit plutôt dans le sud de la Chine, et 哪儿 **nǎr** dans le nord. Si vous trouvez **nǎli** plus facile à prononcer, alors soyez sudiste !

**5** Associez une situation à un énoncé pour aborder un passant :

1. ◯ Saluer quelqu'un de votre génération ou plus jeune.
2. ◯ Saluer respectueusement.
3. ◯ Saluer plusieurs personnes.
4. ◯ Annoncer une question.
5. ◯ La personne ne sait pas.
6. ◯ Vous réagissez poliment.
7. ◯ Remercier.
8. ◯ Prendre congé.

A. 请问 **Qǐng wèn** | *Excusez-moi, je voudrais vous demander*

B. 我不知道。 **Wǒ bù zhīdào.** | *Je ne sais pas.*

C. 谢谢。 **Xièxie.** | *Merci.*

D. 你好。 **Nǐ hǎo.** | *Bonjour.*

E. 您好。 **Nín hǎo.** | *Bonjour monsieur/madame.*

F. 再见。 **Zài jiàn.** | *Au revoir.*

G. 你们好。 **Nǐmen hǎo.** | *Bonjour.*

H. 没关系。 **Méi guānxi.** | *Ça ne fait rien.*

## LOCALISER : « OÙ ES-TU ? »

**6** Trouvez les répliques 3, 5 et 8 de ce dialogue :

1. 甲：您好。
   Jiǎ : Nín hǎo. | Bonjour Monsieur.

2. 乙：你好。
   Yǐ : Nǐ hǎo. | Bonjour.

3. 甲：请问，我在哪里？ | Excusez-moi, pourriez-vous me dire où je suis ?
   Jiǎ : _____

   乙：我看看你的地图……我们在这里。
4. Yǐ : Wǒ kàn-kan nǐ de dìtú… Wǒmen zài zhèli. | Je vais regarder un peu ta carte… On est là.

   甲：谢谢。
5. Jiǎ : _____ | Merci.

   乙：不谢。
6. Yǐ : Bú xiè. | De rien.

   甲：再见。
7. Jiǎ : Zài jiàn.
   乙：再见。 | Au revoir.
8. Yǐ : _____ | Au revoir.

**7** Achevez ces six questions en choisissant ce qui convient dans la pioche à droite :

1. 您找
   Nín zhǎo _____

2. 王一文
   Wáng Yīwén _____

3. 你住在北京
   Nǐ zhù zài Běijing _____

4. 你住在这里
   Nǐ zhù zài zhèli _____

5. 请问您住在
   Qǐng wèn nín zhù zài _____

6. 你知道
   Nǐ zhīdào _____

在吗？
zài ma ?

吗？
ma ?

哪儿？
nǎr ?

谁？
shéi ?

## LOCALISER : « OÙ ES-TU ? »

### Le lieu où l'on est et le lieu de l'action

- Le verbe **zài** permet de questionner sur le lieu : 在哪里？ **Zài nǎli ?** 在哪儿？ **Zài nǎr ?** *Où est-ce ? Ça se trouve où ?*

- Il permet aussi d'indiquer le lieu où l'on est : **zài jiā** *être à la maison*, **zài Shànghǎi** *être à Shanghai.* Ainsi que celui où l'on habite : **zhù zài Bālí**, *habiter à Paris.*

- Vous le trouverez également avant le verbe principal pour introduire le lieu de l'action : **Nǐ zài nǎr gōngzuò ?** *Où est-ce que tu travailles ? Tu travailles où ?*

**8** Bilan : Savez-vous demander à quelqu'un de votre génération... ?

**1.** s'il est à Pékin ➔ ....................................................

**2.** où il est ➔ ....................................................

**3.** s'il est à la maison ➔ ....................................................

**4.** ce qu'il fait chez lui ➔ ....................................................

**5.** s'il est libre/s'il a le temps ➔ ....................................................

**6.** de venir prendre un thé ➔ ....................................................

**9** Bilan : Savez-vous aborder poliment un passant pour demander un renseignement... ?

**1.** dire bonjour ➔ ....................................................

**2.** annoncer que vous voulez demander un renseignement ➔ ....................................................

**3.** dire que vous ne savez pas où vous êtes ➔ ....................................................

**4.** remercier et prendre congé ➔ ....................................................

## LOCALISER : « OÙ ES-TU ? »

**10** Bilan : Savez-vous demander à un inconnu (de même génération que vous ou plus âgé)... ?

1. ce qu'il cherche ➜ .................................................................

2. qui il cherche ➜ .....................................................................

3. où il habite ➜ ........................................................................

4. s'il sait où vous habitez ➜ ....................................................

Bravo, vous êtes venu à bout du chapitre 5 ! Il est maintenant temps de comptabiliser les icônes et de reporter le résultat en page 128 pour l'évaluation finale.

# 6
## « Où vas-tu ? »

### Aller à

- Le verbe 去 **qù** [t'chü] *aller à* est directement suivi d'un lieu :

  你去哪儿？          我去机场。
  **Nǐ qù nǎr ?**        **Wǒ qù jīchǎng.** [t'chü dyii-tchang]
  *Où vas-tu ?*         *Je vais à l'aéroport.*

- 去 **qù** [t'chü] *aller à* est totalement incompatible avec le verbe 在 **zài** *se trouver*. Ce qui est logique : on ne peut aller à un endroit si on y est déjà !

**I** Répondez à l'aide de ce vocabulaire :

| 药店 | **yàodiàn** [yao-dienn] | *pharmacie* |
|---|---|---|
| 超市 | **chāoshì** [tchao-sheu] | *supermarché* |
| 停车场 | **tíngchēchǎng** [t'ing-tche-tchang] | *parking* |
| 邮局 | **yóujú** [yo¹ou-ju] | *poste* |
| 旅馆 | **lǚguǎn** [lü-gouann] | *auberge, hôtel* |
| 旅行社 | **lǚxíngshè** [lü-ssing-she] | *agence de voyage* |
| 菜场 | **càichǎng** [tsaï-tchang] | *marché* |
| 书店 | **shūdiàn** [shou-dienn] | *librairie* |

你们去哪儿？                    我去＿＿，她去＿＿
**Nǐmen qù nǎr ?** [nimen t'chü nar]     **Wǒ qù… , tā qù…**
*Où allez-vous ?*              *Je vais à/au… (et) elle va…*

« OÙ VAS-TU ? »

### Q : encore un piège !

- En pinyin, la lettre **q** [t'ch] transcrit un phonème à prononcer en soufflant fort. Pensez à « A… <u>t'ch</u>oum » pour vous en souvenir.
- Le **i** et le **u** se prononcent comme en français après **q**, par exemple dans les mots : **qī** [t'chii] *sept* et **qù** [t'chü] *aller*.

**2** Dans ce dialogue, relevez les mots commençant par **q** [t'ch] :

1. ...........................
2. ...........................
3. ...........................
4. ...........................

请问，哪里有商店？
**Qǐng** [t'ching] **wèn, nǎli yǒu shāngdiàn** [shang-dienn] **?**
– *Excusez-moi, où y a-t-il des magasins ?*

前边有超市。
**Qiánbian** [t'chienn-bienn] **yǒu chāoshì** [tchao-sheu].
– *Plus loin, il y a un supermarché.*

哪里？远吗？
**Nǎli ? Yuǎn** [yüann] **ma ?**
– *Où ça ? C'est loin ?*

不远。我也去买东西，一起去吧。
**Bù yuǎn. Wǒ yě** [yé] **qù mǎi dōngxi** [dong-ssi]**, yiqī** [yi-t'chii] **qù ba.**
– *Ce n'est pas loin. Je vais aussi faire des courses, allons-y ensemble.*

好，谢谢。
**Hǎo, xièxie** [ssie-ssie].
– *D'accord, merci.*

### Aller faire quelque chose

去 **qù** *aller* peut être suivi d'une action comme en français : {sujet + 去 **qù** + action}. Par exemple :

我去买东西。
**Wǒ qù mǎi dōngxi.**
[wo t'chü maï dong-ssi]
*Je vais faire des courses.*

« OÙ VAS-TU ? »

**3** Achevez les phrases :

| 买 | **mǎi** | acheter |
| 拿 | **ná** | prendre |
| 喝 | **hē** [h'e] | boire |
| 工作 | **gōngzuò** [gong-dzou'o] | travailler |
| 东西 | **dōngxi** [dong-ssi] | choses/affaires |
| 票 | **piào** | billet/ticket |
| 地图 | **dìtú** [di-tou] | plan/carte |
| 水果 | **shuǐguǒ** [shoué-gou'o] | fruits |

1. 我去 ........................................................ | Je vais prendre les affaires.
   **Wǒ qù**

2. 你去 ............................................ 吧。 | Va acheter des fruits.
   **Nǐ qù** ........................................ **ba.**

3. 他去 ........................................................ | Il va boire un thé.
   **Tā qù**

4. 我们去 .................................................... | Nous allons acheter des billets.
   **Wǒmen qù**

5. 谁去 ........................................................ | Qui va acheter un plan ?
   **Shéi qù**

6. 我去 ........................................................ | Je vais au travail.
   **Wǒ qù**

### Aller faire quelque chose quelque part

En chinois, on doit dire d'abord où l'on va, puis ce qu'on y fait : {sujet + **qù** + lieu + action}. Par exemple :

我去超市买东西。
**Wǒ qù chāoshì mǎi dōngxi.** [wo t'chü tchao-sheu maï dong-ssi]
(je vais supermarché acheter choses)
*Je vais faire des courses au supermarché.*

« OÙ VAS-TU ? »

### 4 Associez chaque question à la réponse qui convient :

1. 你去哪儿买东西？
   Nǐ qù nǎr mǎi dōngxi ?

2. 你是不是去菜场买水果？
   Nǐ shì-bu-shi qù càichǎng mǎi shuǐguǒ ?

3. 你们去书店买什么？
   Nǐmen qù shūdiàn mǎi shénme ?

4. 你去停车场做什么？
   Nǐ qù tíngchēchǎng zuò shénme ?

A. 买地图。
   Mǎi dìtú.

B. 去超市。
   Qù chāoshì.

C. 我去拿东西。
   Wǒ qù ná dōngxi.

D. 是的。
   Shì de.

### 5 Traduisez en suivant l'ordre des mots chinois :

> sujet + 去 qù + lieu + verbe + 一些 yìxiē + nom complément

1. Je vais acheter des médicaments à la pharmacie.
   →..............................................................

2. Je vais acheter quelques pommes au magasin.
   →..............................................................

3. Je vais dans la chambre (pièce) prendre quelques vêtements.
   →..............................................................

4. Je vais regarder un peu par là-bas.
   →..............................................................

| 药 | yào | médicament |
|---|---|---|
| 药店 | yàodiàn | pharmacie |
| 苹果 | píngguǒ | pomme |
| 衣服 | yīfu | vêtement |
| 那边 | nàbiān [na-bienn] | là-bas |
| 房间 | fángjiān [fang-dyienn] | pièce, chambre |
| 商店 | shāngdiàn [shang-dienn] | magasin |
| 一些 | yìxiē [yi-ssié] | des, quelques |

« OÙ VAS-TU ? »

## Un signe commun à plusieurs mots

Un mot de plusieurs syllabes est une combinaison de signes et de sens. Pour retenir le vocabulaire, il importe de repérer les syllabes et les sinogrammes communs à plusieurs mots. Par exemple :

茶 **chá** *thé*     茶馆 **cháguǎn** *maison de thé*
饭 **fàn** *riz, repas*     饭馆 **fànguǎn** *restaurant*
旅行 **lǚxíng** *voyager*     旅馆 **lǚguǎn** *auberge, hôtel*

**6** Entourez le signe commun à chaque colonne :

| 1. | 2. | 3. | 4. | 5. | 6. |
|---|---|---|---|---|---|
| 旅馆<br>*auberge* | 旅行<br>*voyager* | 水果<br>*fruit* | 药店<br>*pharmacie* | 商店<br>*magasin* | 菜场<br>*marché* |
| 茶馆<br>*maison de thé* | 旅行社<br>*agence de voyage* | 苹果<br>*pomme* | 吃药<br>*prendre un médicament* | 书店<br>*librairie* | 机场<br>*aéroport* |
| 饭馆<br>*restaurant* | 旅馆<br>*auberge* | 果汁<br>*jus de fruit* | 中药<br>*médicament chinois* | 药店<br>*pharmacie* | 停车场<br>*parking* |

**7** Complétez ce tableau d'après l'exercice 6 :

| | 1. 场 | 2. 馆 | 3. 药 | 4. 果 | 5. 店 | 6. 旅 |
|---|---|---|---|---|---|---|
| ...nyin ...ec le ton | | | | | | |
| ...ens ...pproximatif | | | | | | |

« OÙ VAS-TU ? »

 **Choisissez ce qui convient dans le QCM :**

| fùjìn | à proximité, par ici |
|---|---|
| xiǎng | avoir envie de |
| péngyou | ami (e) |

请问，附近哪儿有药店？
1. Qǐng wèn, fùjìn nǎr yǒu yàodiàn ?

你想去中国吗 ?
2. Nǐ xiǎng qù Zhōngguó ma ?

您几点去机场 ?
3. Nín jǐ diǎn qù jīchǎng ?

我去朋友家吃饭。
4. Wǒ qù péngyou jiā chī fàn.

一起去菜场，好不好？
5. Yìqǐ qù càichǎng, hǎo-bu-hǎo ?

1. Le locuteur
   - **A.** est médecin
   - **B.** est étranger
   - **C.** se renseigne

2. On me demande si
   - **A.** je suis chinois
   - **B.** je veux voyager
   - **C.** je connais la Chine

3. Quelqu'un
   - **A.** cherche l'aéroport
   - **B.** demande l'heure
   - **C.** surveille l'heure

4. Le locuteur
   - **A.** a faim
   - **B.** dit ce qu'il va faire
   - **C.** dit ce qu'il a fait.

5. Vous proposez
   - **A.** d'aller au marché
   - **B.** de bons légumes
   - **C.** de rester ensemble

 **Retrouvez l'ordre normal du pinyin :**

你在哪个饭店？
*Tu es à quel hôtel ?*

fàndiàn/zài/nǎ ge/nǐ
1. ....................................

你去了哪儿？
*Où es-tu allé ?*

nǎr/nǐ/qù-le/
2. ....................................

我请你吃饭。
*Je t'invite à manger.*

wǒ/nǐ/fàn/qǐng/chī
3. ....................................

你住朋友家吗？
*Tu habites chez des amis ?*

zhù/nǐ/ma/péngyou/jiā
4. ....................................

在饭馆见吧。
*Retrouvons-nous au restaurant.*

jiàn/zài/fànguǎn ba
5. ....................................

我家没有停车场，停车很难。
*Il n'y a pas de parking chez moi, c'est dur de se garer.*

méi/wǒ/jiā/tíngchēchǎng/yǒu/ hěn/tíng chē/nán
6. ....................................

« OÙ VAS-TU ? »

## Importance de l'ordre des mots

Wang : 好久不见。 **Hǎo jiǔ bú jiàn.** *Il y a longtemps que je ne t'ai pas vue.*
Annie : 我学中文很忙。 **Wǒ xué zhōngwén hěn máng.** *L'étude du chinois m'occupe beaucoup.*
Wang : Tu as fini le chapitre 4 ?
Annie : Je finis le chapitre 6 !
Wang : 你真快！ **Nǐ zhēn kuài !** *Tu avances vite !*
Annie : Oui, mais quand je vais trop vite, je me trompe dans l'ordre des mots…

**10** Insérez le mot en bleu dans la phrase :

在 zài  你住朋友家吗？ *Tu habites chez des amis ?*
1. ................................................

昨天 zuótiān  你去了哪儿？ *Où es-tu allé hier ?*
2. ................................................

想 xiǎng  我请你吃饭。 *Je voudrais t'inviter à manger.*
3. ................................................

住 zhù  你在哪个饭店？ *Tu loges à quel hôtel ?*
4. ................................................

吧 ba  我们在饭馆见。 *Retrouvons-nous au restaurant.*
5. ................................................

吃饭 chī fàn  我今天在家。 *Je mangerai à la maison aujourd'hui.*
6. ................................................

明天 míngtiān  我去你家。 *J'irai chez toi demain.*
7. ................................................

附近 fùjìn  我家有停车场，停车很方便。 *Il y a un parking près de chez moi, c'est pratique pour se garer.*
8. ................................................

Bravo, vous êtes venu à bout du chapitre 6 ! Il est maintenant temps de comptabiliser les icônes et de reporter le résultat en page 128 pour l'évaluation finale.

# Envie, volonté, intention

## « Je voudrais » et « Je veux »

- Le souhait et l'envie de faire quelque chose s'exprime souvent avec le verbe auxiliaire 想 **xiǎng**, *je voudrais, j'aimerais, j'ai envie de*.
- Les adverbes 也 **yě**, *aussi*, et 很 **hěn**, *très*, se placent avant cet auxiliaire : *ai très envie moi aussi*.

你也想学中文吗？
**Nǐ yě xiǎng xué zhōngwén ma ?**
*Tu as aussi envie d'apprendre le chinois ?*

我也很想学中文。
**Wǒ yě hěn xiǎng xué zhongwén.**
*– Oui, j'en ai très envie moi aussi.*

- L'auxiliaire 要 **yào**, *vouloir*, exprime la volonté ainsi que le futur intentionnel :

你要去中国吗？
**Nǐ yào qù Zhōngguó ma ?**
*Tu veux aller en Chine ?*

我明年要去。
**Wǒ míngnián yào qù.**
*– J'irai/je veux y aller l'an prochain.*

**I** Piochez dans ces adverbes pour compléter oralement les phrases :

我__想去上海看看，你呢？
她__想住纽约。
你想去北京，我__想去。

1. Wǒ ... xiǎng qù Shànghǎi kàn-kan, nǐ ne ?
2. Tā ... xiǎng zhù Niǔ Yuē, nǐ ne ?
3. Nǐ xiǎng qù Běijīng, wǒ ... xiǎng qù.

## La voyelle e du pinyin

- En fin de syllabe, elle se prononce comme [e] dans l'article « le » du français. Par exemple : 了 **le** ; 的 **de** ; 呢 **ne** ; 车 **che** [tche] *voiture*.
- Elle se prononce comme [é] dans « yéti » après **y, i, u**. Par exemple : 也 **yě** *aussi* ; 一些 **yìxiē** [yi-ssié] *quelques, des* ; 学 **xué** [ssüé] *apprendre, étudier*.
- En position médiane, elle se prononce entre [e] et [eu]. Par exemple : 很 **hěn** [henn] *très* ; **lěng** [leung] *froid*.

**ENVIE, VOLONTÉ, INTENTION**

## 2 Prononcez les différents e du pinyin, puis complétez la traduction :

**[é] comme dans « yéti » :**
我也想学一些汉字。   **Wǒ yě** [yé] **xiǎng xué** [ssüé] **yìxiē** [yi-ssié] **hànzì** [h'ann-dzeu].
1. → ..................................................................
caractères chinois.

**[e] comme dans « le » :**
你的车呢？坏了吗？   **Nǐ de chē** [tche] **ne ? Huài le ma ?**
2. → ..................................................................
.......................................................... Elle est cassée ?

**[è] comme dans « meilleur » :**
我没去过北京   **Wǒ méi** [meï] **qù-guo Běijīng.**
3. → *Je ne suis jamais* ..........................................

## 3 Numérotez les répliques pour reconstituer le dialogue :

是吗？　　　　　☐ **Shì ma ?** (être **ma** ?) *C'est vrai ?*

忙什么？　　　　☐ **Máng shénme ?** (occupé à quoi ?)

你好吗？　　　　☐ **Nǐ hǎo ma ?** (tu bien **ma** ?)

我也很忙。　　　☐ **Wǒ yě hěn máng.** (je aussi très occupé)

是的。　　　　　☐ **Shì de.** (être **de**) *Oui, oui.*

学中文。　　　　☐ **Xué zhōngwén** (à apprendre le chinois)

好久不见。　　　☐ **Hǎo jiǔ bú jiàn** (bien longtemps pas voir)

要看。　　　　　☐ **Yào kàn.** (vouloir regarder) *Oui.*

我很好，可是很忙。
你呢？　　　　　☐ **Wǒ hěn hǎo, kěshi hěn máng. Nǐ ne ?**
　　　　　　　　　(je très bien, mais très pris. toi et ?)

我的中文书你要看吗？ ☐ **Wǒ de zhōngwén shū nǐ yào kàn ma ?**
　　　　　　　　　(mon de chinois livre tu veux regarder ma ?)

# ENVIE, VOLONTÉ, INTENTION

**4** Dans quelle case de pinyin classer les mots de la colonne gauche ?

| Pinyin : | 1. e | 2. e | 3. en | 4. an | 5. ang | 6. iang | 7. ian |
|---|---|---|---|---|---|---|---|
| On entend : | [é] | [e/eu] | [enn] | [ann] | [an$_g$] | [ian$_g$] | [ienn] |
| A. *le chinois* <br> B. *très* | | | | | | | |
| C. *apprendre* <br> D. *aussi* <br> E. *quelques* <br> F. *New York* | | | | | | | |
| G. *voiture* <br> H. *mais* | | | | | | | |
| I. *être occupé* | | | | | | | |
| J. *avoir envie de* | | | | | | | |
| K. *voir* | | | | | | | |
| L. *regarder* | | | | | | | |

**5** Que sauriez-vous dire ?

1. Jia demande à Yi où ils iront demain.
2. Yi demande à Jia où il voudrait aller.
3. Jia aimerait faire des courses.
4. Yi demande ce que Jia veut acheter.
5. Jia ne sait pas.
6. Yi s'étonne que Jia veuille faire des courses sans savoir ce qu'il veut acheter…
7. Jia dit qu'il le sait, mais qu'il n'a pas d'argent.

**6** Voici le même dialogue. Que manque-t-il ?

1. 甲：明天 ................................ 去哪里 ?
2. 乙：你 ................................ 哪儿 ?
3. 甲：我想 ................................ 买东西。
4. 乙：你 ................................ 买什么 ?
5. 甲：我 ................................ 知道。
6. 乙：你不知道你 ................................ 买什么?
7. 甲：知道, ................................ 我没有钱。

ENVIE, VOLONTÉ, INTENTION

**7** Détectez l'intrus et les homophones de chaque série :

Série 1 :

| 要 | 药 | 好 | 老 | 高 | 有 |
|---|---|---|---|---|---|
| yào | yào | hǎo | lǎo | gāo | yǒu |
| vouloir | médicament | bon, bien | vieux, âgé | haut, élevé | avoir |

Série 2 :

| 见 | 前 | 钱 | 想 | 天 | 年 |
|---|---|---|---|---|---|
| jiàn | qián | qián | xiǎng | tiān | nián |
| voir | devant, avant | argent | avoir envie de | ciel, jour | année |

**8** Associez un personnage à son projet :

| xué-hǎo | bien apprendre |
|---|---|
| tàn qīn | visiter sa famille |
| bāngzhù | aider |
| hái xiǎo | encore petit |
| míngnián | l'an prochain |
| jiānglái | dans l'avenir |

| hé | en compagnie de, avec |
|---|---|
| bàmā | parents |
| yìshù | les arts |
| fǎwén | le français |
| Fǎguó | France |
| Lín Xiǎoméi | (un nom féminin) |

1. 安妮要__
   Ān Ní yào…

2. 李明还小，可是他要和__
   Lǐ Míng hái xiǎo, kěshi tā yào hé…

3. 王一文很想帮助__
   Wáng Yīwén hěn xiǎng bāngzhù…

4. 林小梅学艺术，她想学法文，
   Lín Xiǎoméi xué yìshù, tā xiǎng xué fǎwén, …

A. 安妮学中文。
   Ān Ní xué zhōngwén.

B. 学好中文。
   xué-hǎo zhōngwén.

C. 将来去法国。
   jiānglái qù Fǎguó.

D. 爸妈去中国探亲。
   bà-mā qù Zhōngguó tàn qīn.

# ENVIE, VOLONTÉ, INTENTION

**9** Suivez l'ordre 1-2-3-4 pour exprimer oralement une intention :

| 1 Pronom sujet | 2 Repère temporel | 3 Verbe auxiliaire | 4 Projet |
|---|---|---|---|
| 我<br>**Wǒ**<br>Je | 将来<br>**jiānglái** [dyiang-laï]<br>plus tard | 要<br>**yào**<br>vouloir | 去东南亚<br>**qù** [tch'ü] **Dōngnányà**<br>aller en Asie du sud-est |

| 1 Pronom sujet | |
|---|---|
| 我 | **wǒ** je |
| 你 | **nǐ** tu |
| 他 | **tā** il |
| 她 | **tā** elle |
| 我们 | **wǒmen** nous |
| 你们 | **nǐmen** vous |
| 他们 | **tāmen** ils |
| 她们 | **tāmen** elles |

| 2 Repère temporel | |
|---|---|
| 将来 | **jiānglái** plus tard |
| 明年 | **míngnián** l'an prochain |
| 现在就 | **xiànzài jiù** dès maintenant, à présent |
| 过几年 | **guò jǐ nián** dans quelques années |

| 4 Projet | |
|---|---|
| 去亚洲 | **qù yàzhōu** [tch'ü ya-djo'ou] aller en Asie |
| 结婚 | **jié hūn** [dyé-h'oun] me/te/se marier |
| 回家 | **huí jiā** [h'oué dya] rentrer chez soi |
| 发财 | **fā cái** [fa ts'aï] faire fortune, s'enrichir |
| 退休 | **tuìxiū** [t'oué-ssiou] prendre sa retraite |
| 找工作 | **zhǎo gōngzuò** [djao gong-dzou'o] chercher du travail |
| 买新的手机 | **mǎi xīn de shǒujī** [maï ssinn de sho'ou-dyi] acheter un nouveau téléphone |
| 交朋友 | **mǎi xīn de shǒujī** [maï ssinn de sho'ou-dyi] acheter un nouveau téléphone |

| 3 Verbe auxiliaire | |
|---|---|
| 要 | **yào** vouloir |
| 想 | **xiǎng** avoir envie |
| 不要 | **bú yào** ne pas vouloir |
| 不想 | **bù xiǎng** ne pas avoir envie |

Bravo, vous êtes venu à bout du chapitre 7 ! Il est maintenant temps de comptabiliser les icônes et de reporter le résultat en page 128 pour l'évaluation finale.

# « Comment ? »

## Comment vas-tu ?

L'interrogatif 怎么样? **zěnmeyàng ?** [dzenn-me-yang] arrive le plus souvent en fin de phrase :

北京怎么样? 　　　　　你怎么样 ?
**Běijīng zěnmeyàng ?** 　　**Nǐ zěnmeyàng ?**
*C'est comment Pékin ?* 　　*Comment vas-tu ?*

**I** Transformez ces questions en utilisant 怎么样? **zěnmeyàng ?** :

Wang Yiwen m'a dit de laisser le groupe sujet en tête de phrase et de supprimer 吗? **ma ?** puisque 怎么样? **zěnmeyàng ?** est un interrogatif. Bon, essayons…

天气好吗?
**Tiānqì** [t'ienn-tch'i] **hǎo ma ?**
(temps bon est-ce que ?)

1. → ..............................
..............................

你们好不好?
**Nǐmen hǎo-bu-hǎo ?**
(vous bien-pas-bien ?)

2. → ..............................
..............................

中文难吗
**Zhōngwén nán ma ?**
(chinois difficile est-ce que ?)

3. → ..............................
..............................

你爸爸身体好吗?
**Nǐ bàba shēntǐ** [shenn-t'i] **hǎo ma ?**
(toi père santé bien est-ce que ?)

4. → ..............................
..............................

## Le ton neutre

Le ton « neutre » ou « léger » ne se note pas sur la voyelle. Celle-ci est alors peu sonore car on ouvre à peine la bouche. Sont au ton neutre :
– des particules finales interrogatives tels que 吗 **ma ?**, 呢 **ne ?** ;
– des particules grammaticales telles que 了 **le**, 的 **de** ;
– le suffixe pluriel 们 **men** des pronoms personnels tel que 我们 **wǒmen** ;
– les syllabes prononcées rapidement, par exemple : 好不好? **hǎo-bu-hǎo ?** ; 什么? **shénme ?** ; 怎么样? **zěnmeyàng ?**

« COMMENT ? »

**2** Donnez votre avis dans le même ordre que la question :

你觉得北京怎么样？
**Nǐ juéde** [dyüé-de] **Běijīng** [beï-dying] **zěnmeyàng ?**
(tu trouves Pékin comment ?)
*Comment trouves-tu Pékin ?*

→ ..................................................
..................................................

| | | |
|---|---|---|
| 我觉得<br>**Wǒ juéde**<br>*Je trouve (que)* | 北京<br>**Běijīng** [beï-dying]<br>*Pékin* | 很有意思。<br>**hěn yǒu yìsi** [yi-seu].<br>*très intéressant.* |
| | 学法语<br>**xué fǎyǔ** [fa-yü]<br>*apprendre le français* | 有点难。<br>**yǒudiǎn** [yo'ou-dienn] **nán**.<br>*un peu difficile.* |
| | 巴黎铁塔<br>**Bālí tiětǎ**<br>*la tour Eiffel* | 不太方便。<br>**bú tài fāngbian.** [bou t'aï fang-bienn]<br>*pas tellement pratique.* |
| | 交通<br>**jiāotōng**<br>*la circulation, les transports* | 好看。<br>**hǎokàn.** [h'ao-k'ann]<br>*très joli.* |

**Comment ?**

### Pardon ?

Les francophones utilisent volontiers « Comment ? » pour faire répéter l'interlocuteur quand ils n'ont pas compris. Tel n'est pas le cas en chinois. Dites plutôt :
您说什么？ **Nín shuō shénme ?** (vous dire quoi ?)
*Pardon ?*

« COMMENT ? »

**3** Associez les équivalences pour savoir faire répéter l'interlocuteur :

1. 我没听清楚。
   **Wǒ méi tīng-qīngchu** [t'ing-tch'ing-tchou].

2. 对不起，我没听懂。
   **Duì-bu-qǐ** [doué-bou-tch'i], **wǒ méi tīng-dǒng.**

3. 什么？不可能。
   **Shénme ? Bù kěnéng** [bou k'e-neung].

A. Quoi ? Ce n'est pas possible.

B. Excusez-moi, je n'ai pas compris.

C. Je n'ai pas bien entendu.

### Qu'en dis-tu ?

En fin de phrase aussi, l'interrogatif 怎么样？ **zěnmeyàng ?** équivaut parfois à *Qu'en dis-tu ?* Il sert à proposer :

七点了，吃饺子怎么样？
**Qī diǎn le, chī jiǎozi** [tcheu dyao-dzeu] **zěnmeyàng ?**
*Il est sept heures, et si on mangeait des raviolis ?*

**4** Vous proposez une activité :

| 吃中餐 | **chī zhōngcān** [tcheu djong-ts'ann] | *manger chinois* |
| 出去玩 | **chū-qù wán** [tchou-tch'ü wann] | *sortir pour s'amuser* |
| 踢足球 | **tī zúqiú** [t'i dzou-tch'iou] | *jouer au football* |
| 今天晚上 | **jīntiān wǎnshang** [dyinn-t'ienn wann-shang] | *ce soir* (aujourd'hui soir) |
| 帮助 | **bāngzhù** [bang-djou] | *aider* |
| 法语 | **fǎyǔ** [fa-yü] | *langue française* |
| 一起 | **yìqǐ** [yi-tch'i] | *ensemble* |

1. Vous proposez de manger chinois.
   →  ............................................................

2. Vous avez envie de sortir ce soir, vous dites à un ami :
   →  ............................................................

3. Annie a rencontré Lin Xiaomei et lui propose de l'aide pour apprendre le français.
   →  ............................................................

« COMMENT ? »

4. Li Ming pleure parce que, finalement, il n'ira pas en Chine avec ses parents : il est encore trop petit. Papa lui propose un petit foot…

→ ........................................................................

## Comment faire ?

Le moyen de l'action s'exprime avant le verbe principal. On pose la question avec l'interrogatif 怎么？ **zěnme ?** *comment ? par quel moyen ?*. Il s'agit d'une abréviation de 怎么样？ **zěnmeyàng ?** Par exemple :

马力病了，怎么办？ **Mǎ Lì bìng le, zěnme bàn ?**
*Ma Li est malade, comment faire ?*

### 5 Reliez le problème à la solution :

1. 威士忌，怎么喝？
   **Wēishìjì** *(whisky)* **zěnme hē ?**

2. 马力病了，怎么办？
   **Mǎ Lì bìng le, zěnme bàn ?**

3. 你没有车，怎么去？
   **Nǐ méi yǒu chē, zěnme qù ?**

4. 大夫不在，怎么办？
   **Dàifu bú zài, zěnme bàn ?**

A. 去急诊吧。
   **Qù jízhěn ba.** *(aller urgence consultation)*

B. 干杯！
   **Gān bēi !** *(sec verre !)*

C. 去看病。
   **Qù kàn bìng.** *(aller examiner maladie)*

D. 走路吧。
   **Zǒu lù ba.** *(marcher route donc)*

## Comment aller à… ?

Cherchant votre chemin, vous poserez la question avec 怎么？ **zěnme ?** *comment ?* Par exemple :

请问，去北京孔庙怎么走？
**Qǐng wèn, qù Běijīng Kǒng miào zěnme zǒu ?**
[tch'ing wenn, tch'ü beï-dying k'ong-miao dzenn-me dzoʰou ?]
*Excusez-moi, comment aller au temple de Confucius de Pékin ?*

« COMMENT ? »

**6** Fabriquez un dialogue de 4 répliques à partir de ces 5 bulles :

不远，走路不到十分钟。
**Bù yuǎn** [bou yüann], **zǒu lù bú dào shí fēnzhōng.**
(pas loin, marcher route pas jusqu'à dix minutes)

华都饭店。
**Huádū** [h'oua-dou] **fàndiàn.**

我喜欢走路。
**Wǒ xǐhuān zǒu lù.**
[ssi-h'ouann dzo'ou lou]
(je aimer marcher)

你住在哪个饭店？
**Nǐ zhù** [djou] **zài nǎ ge fàndiàn** [fann-dienn] **?**
(tu loger être quel hôtel)

从饭店到孔庙远吗？
**Cóng fàndiàn dào Kǒng miào yuǎn** [yüenn] **ma ?**
(de hôtel à Confucius temple loin ?)

**7** Ajoutez les tons. Quels mots sont au 3ᵉ ton ?

1. Qing wen, qu Tian'anmén zenme zou ?    S'il vous plaît, comment aller à Tian'anmen ?
2. Cong zher dao Kong miao yuan ma ?    D'ici au temple de Confucius, c'est loin ?
3. Ni xihuan zou lu ma ?    Tu aimes marcher ?
4. Dui-bu-qi, wo mei ting-dong.    Pardon, je n'ai pas compris.
5. Wo shuo : ni you che ma ?    Je dis : est-ce que tu as une voiture ?

### Le moyen de transport

Pour indiquer le moyen de transport utilisé, le chinois a recours à différents verbes tels que : 坐 **zuò** *s'asseoir* ; 开 **kāi** *conduire* ; 骑 **qí** *s'asseoir à califourchon* ; 打 **dǎ** *prendre* ; 走 **zǒu** *marcher*. Par exemple :

你怎么去上班？　　我坐地铁去上班。
**Nǐ zěnme qù shàng bān ?**　　**Wǒ zuò dìtiě qù shàng bān.**
*Comment vas-tu au travail ?*　　*J'y vais en métro.*

« COMMENT ? »

**8** Suivez l'ordre des mots pour préciser un moyen de transport :

> Sujet + moyen de transport + verbe + lieu
> 我 坐电梯 上楼。
> **Wǒ zuò diàntī shàng lóu**
> (je asseoir ascenseur monter étage)
> *Je prends l'ascenseur pour monter.*

| Moyen de transport | | Verbe + lieu | |
|---|---|---|---|
| 坐地铁 | **zuò dìtiě** *en métro* | 去上班 | **qù shàng bān** *aller au travail* |
| 坐火车 | **zuò huǒchē** *en train* | 回国 | **huí guó** *rentrer dans son pays* |
| 坐飞机 | **zuò fēijī** *en avion* | 回家 | **huí jiā** *rentrer à la maison* |
| 打车 | **dǎ chē** *en taxi* | 去机场 | **qù jīchǎng** *aller à l'aéroport* |
| 开车 | **kāi chē** *en voiture* (en conduisant) | 上山 | **shàng shān** *gravir une montagne* |
| 骑山地车 | **qí shāndìchē** *en VTT* | 下山 | **xià shān** *descendre d'une montagne* |

**9** Trouvez le signe commun à chaque paire et devinez son sens :

骑车/堵车   走路/路上   飞机/机场   地铁/地图

1. ........................  2. ........................  3. ........................  4. ........................

« COMMENT ? »

 **Voici quatre verbes pour déchiffrer et résoudre le QCM !**

| huí | retourner |
| yóu | voyager en visitant |
| dǔ | boucher |
| zhīdào | savoir |

1. 我喜欢开车，你呢？
   **Wǒ xǐhuān** [ssi-h'ouann] **kāi chē, nǐ ne ?**
2. 我想走路回家。
   **Wo xiǎng zǒu lù huí jiā** [houé dya].
3. 王一文要骑车游中国。
   **Wáng Yīwén yào qí** [tch'i] **chē yóu Zhōngguó.**
4. 去火车站打车方便吗？
   **Qù huǒchēzhàn dǎ chē fāngbiàn ma ?**
5. 你怎么知道路上堵车？
   **Nǐ zěnme zhīdào lù shàng dǔ chē ?**

1. Le locuteur
   - ☐ **A.** aime conduire    ☐ **B.** aimerait conduire votre voiture
2. Le locuteur voudrait
   - ☐ **A.** s'asseoir    ☐ **B.** partir    ☐ **C.** rentrer à pied
3. Wang Yiwen veut
   - ☐ **A.** un vélo chinois    ☐ **B.** voyager en Chine    ☐ **C.** voyager l'été
4. Vous cherchez
   - ☐ **A.** une solution    ☐ **B.** la gare    ☐ **C.** un taxi
5. Vous ne croyez pas trop
   - ☐ **A.** le chauffeur    ☐ **B.** votre guide    ☐ **C.** votre super GPS

Bravo, vous êtes venu à bout du chapitre 8 ! Il est maintenant temps de comptabiliser les icônes et de reporter le résultat en page 128 pour l'évaluation finale.

# 9
# Quantifier et classer : « Combien ? »

## Demander la quantité

- Jusqu'à dix ou douze, on utilise l'interrogatif 几 jǐ ? [dyi] *combien ?*
- Pour une plus grande quantité, on utilise 多少 duōshao ? [douᴸo-shao] *combien ?*

**I** Déchiffrez en associant chaque question à son mot à mot :

1. 几点了？
   Jǐ diǎn le ? [dyi dienn le]

2. 你去上海几天？
   Nǐ qù Shànghǎi jǐ tiān [t'ienn] ?

3. 李明几岁？
   Lǐ Míng jǐ suì [soué] ?

4. 多少钱？
   Duōshao qián [tch'ienn] ?

5. 你的手机号是多少？
   Nǐ de shǒujī hào [shoᴸou-dyi h'ao] shì duōshao ?

6. 中国现在有多少人口？
   Zhōngguó xiànzài yǒu duōshao rénkǒu ? [djonɡ-guo ssienn-dzaï yoᴸou douᴸo-shaₒ jenn-k'oᴸou]

A. (Chine maintenant avoir combien population)
B. (toi de mobile numéro être combien)
C. (combien heures à présent)
D. (tu vas Shanghai combien jours)
E. (combien argent)
F. (Li Ming combien ans)

## Quantifier et classer

Les noms communs étant des noms de masse, on utilise un « classificateur » entre le numératif et le nom. Le classificateur le plus usuel est 个 ge [gue]. Il désigne *une unité de, un individu.* Par exemple :

| 一个人 | 一个孩子 | 一个东西 | 一家商店 |
|---|---|---|---|
| **yí ge rén** | **yí ge háizi** | **yí ge dōngxi** | **yì jiā shāngdiàn** |
| [yi gue jenn] | [yi gue h'aï-dzeu] | [yi gue donɡ-ssi] | [yi dya shang-dienn] |
| *une personne* | *un enfant* | *une chose* | *un magasin* |

QUANTIFIER ET CLASSER : « COMBIEN ? »

 **Entourez les classificateurs :**

1. 几个人？
   **jǐ ge rén ?** [dyi gue jenn]
   *combien de gens ?*

2. 一位老人
   **yí wèi lǎorén**
   *une personne âgée*

3. 一家公司
   **yì jiā gōngsī** [yi dyia gong-seu]
   *une entreprise*

4. 这个孩子
   **zhè ge háizi** [dje gue h'aï-dzeu]
   *cet/cette enfant*

5. 这三只狗
   **zhè sān zhī gǒu** [dje sann djeu goᴵou]
   *ces trois chiens*

6. 哪一家饭店？
   **nǎ yì jiā fàndiàn ?**
   *quel hôtel ?*

 **Observez ces questions pour résoudre le QCM :**

1. 你家有几口人？
   **Nǐ jiā yǒu jǐ** [dyi] **kǒu** [k'oᴵou] **rén ?**

2. 今天气温多少度？
   **Jīntiān qìwēn** [tch'i-wenn] **duōshao dù ?**

3. 你们几位？
   **Nǐmen jǐ wèi ?**

4. 小朋友，你几岁？
   **Xiǎo** [ssiao] **péngyou, nǐ jǐ suì** [soué] **?**

5. 一个多少钱？
   **Yí ge duōshao qián** [tch'ienn] **?**

6. 他在英国几年了？
   **Tā zài Yīngguó jǐ nián** [nienn] **le ?**

1. Je demande
   - A. si tu viens d'une famille nombreuse.
   - B. combien vous êtes dans ta famille.
   - C. combien de personnes sont invitées chez toi.

2. Je demande
   - A. la température atmosphérique.
   - B. s'il fait froid aujourd'hui.
   - C. si tu as de la fièvre aujourd'hui.

3. Un serveur de restaurant nous demande
   - A. de nous asseoir.
   - B. combien nous sommes.
   - C. combien de personnes âgées vont venir.

4. Je parle
   - A. à un enfant.
   - B. à mon petit-ami.
   - C. à un petit chien.

5. Je demande
   - A. combien coûte une pomme.
   - B. combien coûte cette pomme.
   - C. combien coûtent les pommes.

6. Il est en Angleterre
   - A. pour combien d'années ?
   - B. depuis combien d'années ?
   - C. pour quelques années ?

## QUANTIFIER ET CLASSER : « COMBIEN ? »

**4** Écrivez en pinyin les réponses aux questions de l'exercice 3 :

| 六 | **liù** [liou] | *six* |
|---|---|---|
| 10块 | **shí kuài** [sheu k'ouaï] | *10 yuans* |

我家有三口人。　　1. ......................................................

十二度。　　　　　2. ......................................................

三个人。　　　　　3. ......................................................

我六岁。　　　　　4. ......................................................

苹果一个10块钱。　5. ......................................................

很多年了！　　　　6. ......................................................

### Changement de ton

- Le numératif 一 **yī** *un* change de ton devant un classificateur. Il devient 4e ton (**yì** descendant) devant les 1er, 2e et 3e tons :

    一杯水　　　　　一本书
    **yì bēi shuǐ**　　**yì běn shū**
    *un verre d'eau*　*un livre*

- Il devient 2e ton (**yí** montant) devant un 4e ton et un ton neutre :

    一块面包　　　　一个苹果
    **yí kuài miànbào**　**yí ge píngguǒ**
    *un morceau de pain*　*une pomme*

**5** Ajoutez le ton sur **yi** selon la règle :

| **yì +** | – premier ton |
| | / deuxième ton |
| | v troisième ton |
| **yí +** | \ quatrième ton |
| | ton neutre |

一杯酒　　　**1. y̱ı bēi jiǔ** [dyio‖ou] | *un verre de vin*

一个课文　　**2. y̱ı ge kèwén** | *une leçon*

一家人　　　**3. y̱ı jiā rén** [jenn] | *toute la famille*

一块肉　　　**4. y̱ı kuài ròu** [yi k'ouaï jo‖ou] | *un morceau de viande*

一幅国画　　**5. y̱ı fú guóhuà** [yi fou gou‖o-h'oua] | *une peinture chinoise*

一本中文书　**6. y̱ı běn zhōngwén shū** [djong-wenn shoou] | *un livre de chinois*

一只大狗　　**7. y̱ı zhī dà gǒu** [yi djeu da go‖ou] | *un grand chien*

# QUANTIFIER ET CLASSER : « COMBIEN ? »

## La logique du classificateur

Le classificateur évoque une classe d'êtres ou de choses par sa forme ou l'une de ses propriétés. De même, le français utilise des mots de mesure pour introduire un nom : « un pot de confiture », « un groupe de gens ». Comparez la logique des deux langues :

一条龙 **yì tiáo lóng** (un + forme longue + dragon) *un dragon*
一条路 **yì tiáo lù** *une route*
一根头发 **yì gēn tóufà** (un + racine + cheveux) *un cheveu*
一个人 **yí ge rén** *une personne, un être humain*

**6** Numérotez pour reconstituer le dialogue :

| mǎi hétáo | acheter des noix |
| zhǒng | genre, sorte |
| zhè | ce, ce, cette |
| jīn | livre, 500 grammes |
| kuài | yuan (monnaie de RPC) |
| nà | alors, dans ce cas |

☐ 您买多少？
**Nín mǎi duōshao ?**

☐ 您要买哪一种？
**Nín yào mǎi nǎ yì zhǒng ?**

☐ 我想买核桃。
**Wǒ xiǎng mǎi hétáo.**

☐ 那我买三斤。
**Nà wǒ mǎi sān jīn.**

☐ 多少钱一斤？
**Duōshao qián yì jīn ?**

☐ 这种。
**Zhè zhǒng.**

☐ 三十块一斤。
**Sān shí kuài yì jīn.**

## La date et le jour de la semaine

- Pour la date du jour, on demande : 今天几号？ **Jīntiān jǐ hào ?** (aujourd'hui combien numéro ?) *Nous sommes le combien ?*
- Pour le jour de la semaine, on demande : 今天星期几？ **Jīntiān xīngqī jǐ ?** (aujourd'hui semaine combien ?) *Quel jour sommes-nous ?* En fait, les jours de la semaine se numérotent en chinois, par exemple : 星期一 **xīngqīyī** (semaine un) *lundi*.

## QUANTIFIER ET CLASSER : « COMBIEN ? »

**7** Associez questions et réponses :

| zhōumò | week end |
| děi | devoir, falloir |
| yuè | mois |
| Guóqìng | Fête nationale |
| měi… dōu | chaque |
| nián | année |
| rìqī | date |
| yíyàng | pareil, le même |

周末也得工作。
A. Zhōumò yě děi gōngzuò.

今天是十月一号,是国庆。
B. Jīntiān shì shí yuè yī hào, shì Guóqìng.

每年的日期都不一样。
C. Měi nián de rìqī dōu bù yíyàng.

是星期六。
D. Shì xīngqīliù.

七号走,你呢?
E. Qī hào zǒu, nǐ ne ?

1. ⃝ 你们几号走?
Nǐmen jǐ hào zǒu ?
*Vous partez le combien ?*

2. ⃝ 八号是星期几?
Bā hào shì xīngqī jǐ ?
*Le huit sera quel jour de la semaine ?*

3. ⃝ 你星期六工作吗?
Nǐ xīngqīliù gōngzuò ma ?
*Tu travailles le samedi ?*

4. ⃝ 今天几号?
Jīntiān jǐ hào ?
*Quelle date sommes-nous ?*

5. ⃝ 春节是几月几号?
Chūnjié shì jǐ yuè jǐ hào ?
*Quelle est la date de la fête du Printemps ?*

---

Annie : J'ai un peu de mal avec les jours de la semaine. Pourquoi n'ont-ils pas de noms ? Tu sais, lundi comme lune, mardi comme Mars, mercredi comme Mercure…

Wang : La Chine a son propre calendrier traditionnel luni-solaire. Le calendrier grégorien a été introduit peu à peu au xxe siècle, mais pas son vocabulaire exotique. Mieux valait numéroter les jours de la semaine. Sais-tu que chaque jour a deux noms ?

Annie : Alors là, je suis perdue… Tu pourrais m'aider demain dimanche ?

Wang : Oui, surtout qu'il y a trois noms pour « dimanche » ! Alors, viens déjeuner avec nous, on fera des raviolis et on t'expliquera tout !

## QUANTIFIER ET CLASSER : « COMBIEN ? »

今天是星期几？
**Jīntiān shì xīngqī jǐ ?**
[dyinn-t'ienn sheu ssing-tch'i dyi]
*Quel jour sommes-nous aujourd'hui ?*

Semaine se dit 周 **zhōu** [djo<sup>l</sup>ou] ou bien 星期 **xīngqī** [ssing-tch'i]. On a donc une double liste pour « compter » les jours de la semaine :

| zhōuyī | xīngqīyī | *lundi* |
| zhōu'èr | xīngqī'èr | *mardi* |
| zhōusān | xīngqīsān | *mercredi* |
| zhōusì | xīngqīsì | *jeudi* |
| zhōuwǔ | xīngqīwǔ | *vendredi* |
| zhōuliù | xīngqīliù | *samedi* |
| zhōurì | xīngqīrì/xīngqītiān | *dimanche* |
| xià zhōuyī | xià xīngqīyī | *lundi prochain* |

 **Notez les informations de ce dialogue dans le journal d'Annie :**

| MERCREDI 周三 | JEUDI 周四 | VENDREDI 周五 | SAMEDI 周六 | DIMANCHE 星期天 |
|---|---|---|---|---|
| | | | | |

**Wang Yiwen :**

1. 明天是星期几？
   **Míngtiān shì xīngqī jǐ ?**

3. 你周六工作吗？
   **Nǐ zhōuliù gōngzuò ma ?**

5. 你星期几学习中文？
   **Nǐ xīngqī jǐ xuéxí zhōngwén ?**

7. 你的生日是几月几号？
   **Nǐ de shēngrì shì jǐ yuè jǐ hào ?**

今天就是你的生日啊！
9. **Jīntiān jiù shì nǐ de shēngrì a !**

真的吗？那你多吃饺子吧！
11. **Zhēn de ma ? Nà nǐ duō chī jiǎozi ba !**

**Annie :**

2. 明天是六月三号星期一。
   **Míngtiān shì liù yuè sān hào xīngqīyī.**

4. 我周末不工作。
   **Wǒ zhōumò bù gōngzuò.**

6. 周三、周四都学习中文。
   **Zhōusān, zhōusì dōu xuéxí zhōngwén.**

8. 六月二号。
   **Liù yuè èr hào.**

10. 是。
    **Shì.**

12. 好！我也带了个小蛋糕……
    **Hǎo ! Wǒ yě dài-le ge xiǎo dàngāo…**

# QUANTIFIER ET CLASSER : « COMBIEN ? »

## Les deux façons de dire « deux » !

- Lorsqu'il s'agit d'un numéro, on emploie 二 **èr**. Par exemple :

| 12 | 20 | 623号房间 | 周二 | 二月 |
|---|---|---|---|---|
| **shí èr** | **èr líng** | **liù èr sān hào fángjiān** | **zhōu'èr** | **èryuè** |
| *douze* | *vingt* | *chambre n° 623* | *mardi* | *février* |

- Lorsqu'il s'agit d'une somme, on emploie 两 **liǎng**. Par exemple :

| 两天 | 两年 | 两个人 | 夫妇两个 | 两个月 |
|---|---|---|---|---|
| **liǎng tiān** | **liǎng nián** | **liǎng ge rén** | **fū fù liǎng ge** | **liǎng ge yuè** |
| *deux jours* | *deux années* | *deux personnes* | *le mari et la femme* | *deux mois* |

**❾ Comment diriez-vous… ?**

1. que vous logez chambre 432.
   →

2. que vous avez deux enfants.
   →

3. que vous ne connaissez pas le sens des 12 caractères sur une porte.
   →

4. que vous êtes ici depuis deux ans, mais vous partirez en février, vous dites :
   →

5. On vous dit que deux personnes vous cherchent.
   →

# QUANTIFIER ET CLASSER : « COMBIEN ? »

**10** Que manque-t-il dans ces questions ?

1. 一斤苹果_____钱？
   Yì jīn [dyinn] píngguǒ .................................................................... qián [tch'ienn] ?

2. 你家有几_____人？
   Nǐ jiā yǒu jǐ ............................................................................................ rén [jenn] ?

3. 你们_____号走？
   Nǐmen ................................................................................................ hào zǒu [dzoʰou] ?

4. 你住几_____房间？
   Nǐ zhù jǐ ........................................................................................ fángjiān [fang-dyienn] ?

5. 你星期_____学习中文？
   Nǐ xīngqī ................................................................................ xuéxí zhōngwén [djong-wenn] ?

6. 你的手机号是_____？
   Nǐ de shǒujī hào shì [sheu] ........................................................................................ ?

## Compter jusqu'à 10 000 en 5 minutes !

- Une fois que vous savez compter jusqu'à 12, tout est simple jusqu'à 10 000 :
  12 **shí èr** (dix + deux) ; 13 **shí sān** (dix + trois) ; 14 **shí sì** [sheu seu] (dix + quatre) ; etc.
  20 **èr shí** (deux × dix) ; 30 **sān shí** (trois fois dix) ; etc.
  21 **èr shí yī** (deux × dix + un) ; **22 èr shí èr** (deux × dix + deux) ; etc.
  100 **yī bǎi** (un × cent) ; 200 **èr bǎi** ou **liǎng bǎi** (deux × cent) ; etc.
  1 000 **yī qiān** [tch'ienn] (un × mille) ; 2000 **èr qiān** ou **liǎng qiān** ; etc.
  10 000 **yī wàn** (un × dix-mille)

- Ensuite, ça se complique... Mais retenez qu'en 2010 la population de RPC s'élevait officiellement à 1,3 milliard **shí sān yì** (dix × trois = trente × cent millions).

Bravo, vous êtes venu à bout du chapitre 9 ! Il est maintenant temps de comptabiliser les icônes et de reporter le résultat en page 128 pour l'évaluation finale.

# 10
## « Que fais-tu ? »

### Action en cours

Placé devant un verbe, 在 **zài** [dzaï] lui donne un sens progressif, souvent renforcé par la particule finale 呢 **ne**. Comparez l'action habituelle et l'action en cours :

你做什么工作？  
**Nǐ zuò shénme gōngzuò ?**  
*Qu'est-ce que tu fais comme travail ?*

你在做什么呢？  
**Nǐ zài zuò shénme ne ?**  
*Qu'est-ce que tu es en train de faire ?*

**I Complétez oralement :**

L'interrogatif 什么 ? **shénme ?** peut se traduire par *Qu'est-ce que ? quoi ? que ? quel ?*

1. 这是什么？  
   **Zhè... shénme ?** | *Qu'est-ce que c'est ?*

2. 您要买什么？  
   **Nín...** | *Que voulez-vous acheter ?*

3. 这是什么意思？  
   **... yìsi** [yi-seu] **?** | *Qu'est-ce que ça veut dire ?*

4. 她在说什么呢？  
   **Tā zài shuō...** | *Qu'est-ce qu'elle est en train de dire ?*

5. 你今天做了些什么？  
   **... le xie** [ssié] **shénme ?** | *Qu'est-ce que tu as fait aujourd'hui ?*

些 **xiē** [ssié] indique un pluriel : la personne a sans doute fait plusieurs choses

« QUE FAIS-TU ? »

**2** Répondez oralement à la question en choisissant un verbe :

你在做些什么呢？
**Nǐ zài zuò** [dzouˡo] **xiē** [ssié] **shénme ne ?**
*Qu'est-ce que tu es en train de faire ?*

写 **xiě** [ssié] *écrire*

喝 **hē** *boire*

听 **tīng** [t'ing] *écouter*

吃 **chī** [tcheu] *manger*

看 **kàn** [k'ann] *regarder*

做 **zuò** [dzouˡo] *faire, fabriquer*

1. 我在__电影。
   … **diànyǐng.** [dienn-ying]
   *Je regarde un film.*

2. 我在__茶。
   … **chá.** [tcha]
   *Je prends le thé.*

3. 我在__音乐呢。
   … **yīnyuè ne.** [yinn-yué]
   *J'écoute de la musique.*

4. 我们在__午饭。
   … **wǔfàn.** [wou-fann]
   *On est en train de déjeuner.*

5. 我在__饭呢。
   … **fàn ne.**
   *Je suis en train de faire la cuisine.*

6. 我正在__短信。
   **Wǒ zhèng** … **duǎnxìn.** [douann-ssinn]
   *Je suis juste en train d'écrire un SMS.*

### Activités : le verbe a besoin d'un objet

- Pour désigner une activité, le chinois utilise un verbe suivi d'un nom objet comme en français :

打球  
**dǎ qiú** [tch'ioˡou]  
*jouer au ballon*

打电话  
**dǎ diànhuà** [dienn-h'oua]  
*passer un coup de fil*

做饭  
**zuò fàn** [dzouˡo fann]  
*faire la cuisine*

- Le français utilise aussi dans ce cas des verbes intransitifs. Or les verbes chinois correspondants ont besoin d'un nom objet :

走路  
**zǒu lù** [dzoˡou lou]  
(marcher route)  
*marcher*

开车  
**kāi chē** [tche]  
(conduire véhicule)  
*conduire*

睡觉  
**shuì jiào** [shoué dyiao]  
(dormir sommeil)  
*dormir*

« QUE FAIS-TU ? »

## Activités : le verbe a besoin d'un objet

- Pour désigner une activité, le chinois utilise un verbe suivi d'un nom objet comme en français :

打球  
**dǎ qiú** [tch'io¹ou]  
*jouer au ballon*

打电话  
**dǎ diànhuà** [dienn-h'oua]  
*passer un coup de fil*

做饭  
**zuò fàn** [dzou¹o fann]  
*faire la cuisine*

- Le français utilise aussi dans ce cas des verbes intransitifs. Or les verbes chinois correspondants ont besoin d'un nom objet :

走路  
**zǒu lù** [dzo¹ou lou]  
(marcher route)  
*marcher*

开车  
**kāi chē** [tche]  
(conduire véhicule)  
*conduire*

睡觉  
**shuì jiào** [shoué dyiao]  
(dormir sommeil)  
*dormir*

### 3 Que diriez-vous ?

**1.** On vous demande si le bébé (**bǎobǎo**) est en train de dormir ?
→ ......................................................................

**2.** Vous dites que les enfants sont en train de jouer au ballon.
→ ......................................................................

**3.** Vous répondez au téléphone en conduisant, mais vous vous excusez de ne pouvoir parler.
→ ......................................................................

**4.** Un macho demande à sa copine si le repas est prêt.
→ ......................................................................

**5.** Vous dites que vous devez (**děi**) téléphoner à votre père (**gěi bàba**).
→ ......................................................................

**6.** Vous dites que vous êtes en train de marcher et que marcher est bon pour la santé (**duì shēntǐ hǎo**).
→ ......................................................................

### 4 Devinez le sens d'après le mot à mot :

**1.** 做一顿饭  
**zuò yí dùn fàn**  
(faire un *classificateur* repas)

**2.** 做一个菜  
**zuò yí ge cài**  
(faire un *classificateur* plat)

**3.** 做个好菜  
**zuò ge hǎo cài**  
(faire **ge** bon plat)

« QUE FAIS-TU ? »

4. 开汽车
**kāi qìchē**
(ouvrir voiture)

5. 开电脑
**kāi diànnǎo**
(ouvrir électrique cerveau)

6. 开心
**kāi xīn**
(ouvrir cœur)

7. 打人
**dǎ rén**
(battre quelqu'un)

8. 打网球
**dǎ wǎngqiú**
(battre filet-balle)

9. 打个电话
**dǎ ge diànhuà**
(battre **ge** électrique-parole)

10. 打车
**dǎ chē**
(battre véhicule)

11. 睡了一觉
**shuì-le yí jiào**
(dormir accompli un sommeil)

12. 睡午觉
**shuì wǔjiào**
(dormir midi-sommeil)

13. 睡懒觉
**shuì lǎn jiào**
(dormir paresseux sommeil)

14. 没有睡觉
**méi yǒu shuì jiào**
(ne-pas avoir dormir sommeil)

## Action habituelle

- La structure discontinue {每 **měi**... 都 **dōu**...} permet d'exprimer l'habitude. L'adverbe 都 **dōu** [do¹ou] dénote la pluralité. Il précède un verbe ou un adjectif verbal, jamais un nom comme en français :

李明每天都上课。
**Lǐ Míng měi tiān dōu shàng kè.**
(Li Ming chaque jour tous monter école)
*Li Ming va à l'école tous les jours*

**5** Cherchez l'ordre des mots :

都/我/工作/每/天/。
**dōu/wǒ/gōngzuò/měi/tiān**

打/每/都/车/他/天。
**dǎ/měi/dōu/chē/tā/tiān**

天/睡/都/午/每/宝宝/觉。
**tiān/shuì/dōu/wǔ/měi/bǎobǎo/jiào**

每/中文/不是/学/安妮/都/天。
**měi/zhōngwén/bú shì/xué/Ān Ní/dōu/tiān**

星期/上/天/都/中文/每/课/李明。
**xīngqī/shàng/tiān/dōu/zhōngwén/měi/kè/Lǐ Míng**

1. *Je travaille tous les jours.*

2. *Il prend le taxi chaque jour.*

3. *Le bébé fait la sieste tous les jours.*

4. *Ce n'est pas tous les jours qu'Annie fait du chinois.*

5. *Li Ming va à son cours de chinois tous les dimanches.*

« QUE FAIS-TU ? »

### 6. Insérez oralement l'élément bleu dans la phrase :

每天
měi tiān

1. 你早上几点起床？
Nǐ zǎoshang jǐ diǎn qǐ chuáng ?

是不是
shì-bu-shi

2. 你每天都吃午饭？
Nǐ měi tiān dōu chī wǔfàn ?

晚上
wǎnshang

3. 宝宝几点睡觉？
Bǎobǎo jǐ diǎn shuì jiào ?

都
dōu

4. 我们每天晚上看电影。
Wǒmen měi tiān wǎnshang kàn diànyǐng.

都
dōu

5. 老人天天走五公里路行吗？
Lǎorén tiān tiān zǒu wǔ gōnglǐ lù xíng ma ?

| zǎoshang [dzao-shang] | tôt le matin |
| qǐ chuáng [tch'i tchouang] | se lever |
| wǔfàn [wou-fann] | le déjeuner |
| wǎnshang [wann-shang] | soir |
| diànyǐng [dienn-ying] | film |
| tiān tiān [t'ienn] | chaque jour |

### 7. Bilan : surlignez le composant graphique commun à chaque paire.

走 / 起     看 / 睡     吃 / 喝     听 / 叫     做 / 作

1. zǒu / qǐ
marcher/s'élever

2. kàn / shuì
regarder/dormir

3. chī / hē
manger/boire

4. tīng / jiào
écouter/appeler

5. zuò/zuò
faire

### 8. Bilan : écrivez en pinyin ces paires de mots… avec les tons !

多 / 都    beaucoup [dou¹o] / tous [do¹ou]    1. ...................

打 / 大    battre [da] / grand [da]    2. ...................

走 / 做    marcher [dzo¹ou] / faire [dzo¹ou]    3. ...................

车 / 吃    véhicule [tche] / manger [tcheu]    4. ...................

睡 / 岁    dormir [shoué] / an (d'âge) [soué]    5. ...................

些 / 写    quelques [ssié] / écrire [ssié]    6. ...................

« QUE FAIS-TU ? »

**9** Bilan : l'action est-elle progressive (P) ou habituelle (H) ?

|  |  | P | H |
|---|---|---|---|
| 她在打网球。 | 1. Tā zài dǎ wǎngqiú. | ☐ | ☐ |
| 我每天都上网。 | 2. Wǒ měi tiān dōu shàng wǎng. | ☐ | ☐ |
| 宝宝还在睡觉呢。 | 3. Bǎobǎo hái zài shuì jiào ne. | ☐ | ☐ |
| 你在做什么呢？ | 4. Nǐ zài zuò shénme ne ? | ☐ | ☐ |
| 我每天都在公司吃午饭。 | 5. Wǒ měi tiān dōu zài gōngsī chī wǔfàn. | ☐ | ☐ |

**10** Bilan : transformez les questions selon le modèle.

> {verbe + négation + verbe ?} → {phrase + 吗 ma ?}
> 你去不去？ Nǐ qù-bu-qù ? → 你去吗？ Nǐ qù ma ?
> Est-ce que tu y vas ?

您是不是王先生？
**Nín shì-bu-shì Wáng Xiānsheng ?**
*Vous êtes Monsieur Wang ?* → ..................................................

有没有身份证？
**Yǒu-méi-yǒu shēnfènzhèng ?**
*Avez-vous une carte d'identité ?* → ..................................................

你吃不吃辣的？
**Nǐ chī-bu-chī là de ?**
*Est-ce que tu manges pimenté ?* → ..................................................

你要不要买？
**Nǐ yào-bu-yào mǎi ?**
*Tu veux en acheter ou pas ?* → ..................................................

好不好？
**Hǎo-bu-hǎo ?**
*D'accord ?* → ..................................................

Bravo, vous êtes venu à bout du chapitre 10 ! Il est maintenant temps de comptabiliser les icônes et de reporter le résultat en page 128 pour l'évaluation finale.

# 11
# Goût et appréciation

## « J'aime » et « J'aimerais »

- En disant « J'aime ceci ou cela », on parle de ses goûts. En chinois, on utilise dans ce cas tantôt 喜欢 **xǐhuān** [ssi-h'ouann], tantôt 爱 **ài**.

- En disant « J'aimerais » ou « Je voudrais », on exprime une envie, un souhait ou un besoin, ce qui se traduit par le verbe 想 **xiǎng** [ssiang] *avoir envie de*.

**1** Associez :

1. Un amateur de thé interroge son invité.

2. L'invité n'y connaît rien du tout.

3. L'hôte propose un thé renommé.

4. En servant le thé, l'hôte change de sujet de conversation.

5. L'invité aime acheter sur Internet.

6. L'hôte aimerait que l'invité l'aide à acheter un billet d'avion sur Internet.

周末你喜欢做什么？
A. Zhōumò nǐ xǐhuān zuò shénme ?

你想喝杯名茶吗？
B. Nǐ xiǎng hē bēi míngchá ma ?

我喜欢上网购物。
C. Wǒ xǐhuān shàng wǎng gòu wù.

我想在网上买一张飞机票。
D. Wǒ xiǎng zài wǎng shàng mǎi yì zhāng fēijī piào.

红茶绿茶我都爱喝。
E. Hóngchá lǜchá wǒ dōu ài hē.

你喜欢喝什么茶？
F. Nǐ xǐhuān hē shénme chá ?

**2** Dans l'exercice 1, relevez les mots ou groupes de mots dont les composants sont inversés en chinois et en français :

1. .................................................... 4. ....................................................
2. .................................................... 5. ....................................................
3. .................................................... 6. ....................................................

## GOÛT ET APPRÉCIATION

### « Tu aimes ? » – « Je trouve que c'est pas mal. »

- Pour interroger sur les goûts, la question est posée soit avec {phrase + 吗 ma ?}, soit avec la forme alternative de la question : 喜不喜欢？ Xǐ-bu-xǐhuān ? Quelle que soit la réponse, le verbe doit être repris :

喜欢吗？  
**Xǐhuān ma ?**  
*Est-ce que tu aimes ?*

喜不喜欢？  
**Xǐ-bu-xǐhuān ?**  
*Est-ce que tu aimes ?*

很喜欢。  
**Hěn xǐhuān.**  
*Oui, beaucoup.* (très aimer)

- Pour interroger de façon plus ouverte, la question est posée avec le verbe 觉得 **juéde** *trouver que* :

你觉得怎么样？  
**Nǐ juéde zěnmeyàng ?**  
*Comment trouves-tu ?*

我觉得不错。  
**Wǒ juéde bú cuò.**  
*Je trouve que c'est pas mal.*

**3** Imaginez le dialogue :

| 觉得 | juéde | trouver que |
| 还好 | hái hǎo | pas mal |
| 衣服 | yīfu | vêtement |
| 新 | xīn | nouveau, neuf |
| 说实话 | shuō shí huà | dire vrai |
| 不太 | bú tài | pas trop |
| 不怎么样 | bù zěnmeyàng | pas génial, moyen |
| 件 | jiàn | classificateur des vêtements |

1. Monsieur Jia demande à son amie Yi comment elle trouve son nouveau vêtement.
2. Elle répond distraitement que hum ça peut aller.
3. Déçu, Jia insiste pour savoir si le vêtement lui plaît ou non.
4. Yi dit que très franchement elle ne l'aime pas tellement.
5. Vexé, Jia demande à Yi si elle l'aime lui.
6. Réponse très affirmative, quant au vêtement… elle ne le trouve pas terrible.

# GOÛT ET APPRÉCIATION

**4** Associez les contraires :

1. 很好 hěn hǎo
2. 旧衣服 jiù yīfu
3. 好看 hǎo kàn
4. 好听 hǎo tīng
5. 好吃 hǎo chī

A. 新衣服
B. 不好听
C. 不好吃
D. 不怎么样
E. 不太好看

**5** Déchiffrez les réponses pour résoudre le QCM :

Questions :

你觉得这首歌怎么样？
Nǐ juéde zhè shǒu gē zěnmeyàng ?
Comment trouves-tu cette chanson ?

歌词听得懂吗？
Gēcí tīng-de-dǒng ma ?
Tu comprends les paroles ?

你喜欢法语吗？
Nǐ xǐhuān fǎyǔ ma ?
Est-ce que tu aimes le français ?

法语难学吗？
Fǎyǔ nán xué ma ?
C'est difficile à apprendre le français ?

你喜欢听什么音乐？
Nǐ xǐhuān tīng shénme yīnyuè ?
Qu'est-ce que tu aimes comme musique ?

Réponses :

不错。
1. Bú cuò. [bou tsouᴸo]

听不太懂。
2. Tīng-bu-tài-dǒng.

法语英语我都喜欢说。
3. Fǎyǔ yīngyǔ wǒ dōu xǐhuān shuō.

法语语法太难了！
4. Fǎyǔ yǔfǎ tài nán le !

我爱中国古典音乐。
5. Wǒ ài tīng Zhōngguó gǔdiǎn yīnyuè.

1. Ma Li trouve la chanson
   - ☐ A. jolie
   - ☐ B. pas mal
   - ☐ C. idiote

2. Il trouve les paroles
   - ☐ A. faciles
   - ☐ B. compréhensibles
   - ☐ C. difficile à comprendre

3. Il parle
   - ☐ A. anglais
   - ☐ B. trois langues
   - ☐ C. français

4. Ma Li n'aime pas
   - ☐ A. la grammaire française
   - ☐ B. le français

5. Il aime la musique
   - ☐ A. chinoise
   - ☐ B. classique
   - ☐ C. les chansons chinoises

## GOÛT ET APPRÉCIATION

### Goût, jugement et intensité

Les adverbes d'intensité tels que 很 **hěn** *très*, 挺 **tǐng** *très* (style oral), 真 **zhēn** *vraiment*, 太 **tài** *trop*, se placent avant le verbe ou l'adjectif verbal :

我的孩子挺喜欢吃薯条。
**Wǒ de háizi tǐng xǐhuān chī shǔtiáo.**
*Mon gamin adore les frites.*

这个人很好。
**Zhè ge rén hěn hǎo.**
*C'est quelqu'un de très bien.*

**6** Insérez un adverbe en bleu dans la phrase :

比较
**bǐjiào**
*assez, plutôt*

1. 海蜇好吃。
   **Hǎizhé hǎo chī.**
   *La méduse, c'est bon* (à manger).

   →

特别
**tèbié**
*particulièrement*

2. 云南的风景美丽。
   **Yúnnán de fēngjǐng měilì.**
   *Les paysages du Yunnan sont beaux.*

   →

挺
**tǐng**
*très, super*

3. 北京的历史有意思。
   **Běijīng de lìshǐ yǒu yìsi.**
   *L'histoire de Pékin est intéressante.*

   →

非常
**fēicháng**
*extrêmement*

4. 我也喜欢这种音乐。
   **Wǒ yě xǐhuān zhè zhǒng yīnyuè.**
   *Moi aussi, j'aime ce genre de musique.*

   →

太
**tài**
*trop*

5. 你说得快。
   **Nǐ shuō-de kuài.**
   *Tu parles vite.*

   →

真
**zhēn**
*vraiment*

6. 她个子高。
   **Tā gèzi gāo.**
   *Elle est très grande.*

   →

# GOÛT ET APPRÉCIATION

## Changement de ton de la négation 不 bù

- La négation 不 **bù** change de ton en fonction du ton suivant. Elle reste au 4ᵉ ton (descendant) devant un 1ᵉʳ, 2ᵉ ou 3ᵉ ton :

不多　　　　　　　　　不容易　　　　　　　不喜欢
**bù duō** [bou dou¹o]　**bù róngyì** [jong-yi]　**bù xǐhuān**
pas nombreux　　　　　pas facile　　　　　　ne pas aimer

- Mais on dit 不 **bú** au 2ᵉ (montant) devant un 4ᵉ ton et un ton neutre :

不对。　　　　　　　不是。　　　　　　　不错。
**Bú duì.** [doué]　　　**Bú shi.** [sheu]　　　**Bú cuò.** [tsou¹o]
C'est inexact, c'est faux　Non. (ce n'est pas ça)　Pas mal.

**7** Dites « non » en observant la règle tonale :

| | |
|---|---|
| bù + | −　premier ton  /　deuxième ton  v　troisième ton |
| bú + | \　quatrième ton  ton neutre |

好吗 ?
**Hǎo ma ?**　1. ...............................

难吗 ?
**Nán ma ?**　2. ...............................

对不对 ?
**Duì-bu-duì ?**　3. ...............................

有吗 ?
**Yǒu ma ?**　4. ...............................

多吗 ?
**Duō ma ?**　5. ...............................

喜欢吗 ?
**Xǐhuān ma ?**　6. ...............................

Attention à la négation spécifique du verbe 有 **yǒu** !

## Apprécier ou juger l'action

Pour apprécier ou juger l'action, on utilise une construction verbale idiomatique, à savoir {VERBE - 得 **de** + appréciation}. Par exemple :

马力学得怎么样 ?　　　　　　　　他学得很快。
**Mǎ Lì xué-de zěnmeyàng ?**　　　　**Tā xué-de hěn kuài.**
(Ma Li étudie comment ?)　　　　　　(Il étudie très vite)
Est-ce que Ma Li fait des progrès ?　　Oui, il apprend vite/il progresse vite.

# GOÛT ET APPRÉCIATION

## 8 Associez :

| xiǎohái | enfant |
|---|---|
| tán gāngqín | jouer du piano |
| suǒyi | donc, par conséquent |
| rènào | vivant, animé |
| jiàqī | vacances |

| kuài | vite, rapide |
|---|---|
| màn | lent |
| shǎo | peu |
| duō yìdiǎn | un peu plus |
| guò | passer |

1. 这个小孩不喜欢弹钢琴，
   Zhè ge xiǎohái bù xǐhuān tán gāngqín,

2. 我觉得上海很热闹，
   Wǒ juéde Shànghǎi hěn rènào,

3. 你吃得太少，
   Nǐ chī-de tài shǎo,

4. 她在中国两年了，
   Tā zài Zhōngguó liǎng nián le,

5. 你唱得真好！
   Nǐ chàng-de zhēn hǎo !

6. 我觉得假期
   Wǒ juéde jiàqī

A. 所以中文说得很快。
   suǒyi zhōngwén shuō-de hěn kuài.

B. 我很喜欢听。
   Wǒ hěn xǐhuān tīng.

C. 学得很慢。
   xué-de hěn màn.

D. 多吃一点吧。
   duō chī yìdiǎn ba.

E. 挺喜欢。
   tǐng xǐhuān.

F. 过得太快。
   guò-de tà kuài.

## « C'est un peu cher »

En français, on trouve souvent la construction {être un peu + adjectif}. Dans ce cas, en chinois, on n'emploie pas le verbe 是 **shì** être puisque l'adjectif verbal suffit : 累 **lèi** être fatigué, 贵 **guì** être cher. On emploie {有点 **yǒudiǎn** + adjectif verbal} qui se traduit par {être un peu + adjectif}. Par exemple :

我有点累。
**Wǒ yǒudiǎn lèi.**
(je un peu fatigué)
*Je suis un peu fatigué.*

这家饭馆有点贵。
**Zhè jiā fànguǎn yǒudiǎn guì.**
(ce restaurant un peu cher)
*Ce restaurant est un peu cher.*

# GOÛT ET APPRÉCIATION

## 9 Ma Li trouve que...

**1.** Il trouve que la grammaire est un peu difficile,
→ ..................................................................

**2.** qu'il est un peu fatigué aujourd'hui,
→ ..................................................................

**3.** que les petits restaurants sont assez chers,
→ ..................................................................

**4.** qu'il fait un peu froid chez lui
→ ..................................................................

**5.** et que les vacances sont trop longues !
→ ..................................................................

| 马力 | Mǎ Lì | (nom de personne) |
|---|---|---|
| 觉得 | juéde | trouver que |
| 语法 | yǔfǎ | grammaire |
| 餐厅 | cāntīng | restaurant |
| 假期 | jiàqī | vacances |
| 长 | cháng | long |

---

Annie : Je sais qu'il ne faut pas utiliser le verbe 是 **shì** avant l'adjectif verbal. Mais quand je dis à Ma Li que le français n'est pas si difficile, il réplique : 是难！ **Shì nán !**

Wang : Oui, parce qu'il conteste ton opinion ! 是难！ **Shì nán !** signifie alors *Si, c'est très dur justement !*

Annie : 真的吗？ **Zhēn de ma ?** *C'est vrai ?*

Wang : Oui. Il paraît un peu découragé en ce moment. Fais-lui un bon café et continue à lui dire que ce « n'est pas difficile du tout » et qu'il va y arriver...

Annie : Au fait, comment dire « pas du tout » ?

## « Pas du tout »

L'équivalent de *pas du tout* se dit 一点也不 **yìdiǎn yě bù** ou 一点都不 **yìdiǎn dōu bù**. Cette négation renforcée se place avant l'élément verbal :

他一点也不喜欢运动。
**Tā yìdiǎn yě bù xǐhuān yùndòng.**
(il un peu aussi pas aimer sport)
*Il n'aime pas du tout le sport.*

我一点都不想家。
**Wǒ yìdiǎn dōu bù xiǎng jiā.**
(je un peu tout pas penser famille)
*Ma famille ne me manque pas du tout.*

GOÛT ET APPRÉCIATION

 **Cherchez l'ordre des mots :**

| píjiǔ | la bière |
| diànnǎo | ordinateur |
| chū-qù | sortir |
| zhè zhǒng | ce genre de |
| yǔfǎ | grammaire |
| « kù » | cool |

啤酒 / 我 / 一点也不 / 喝 / 喜欢
píjiǔ / wǒ / yìdiǎn yě bù / hē / xǐhuān

1. ........................................................................

不难 / 觉得 / 一点 / 也 / 我 / 语法
bù nán / juéde / yìdiǎn / yě / wǒ / yǔfǎ

2. ........................................................................

想 / 我 / 一点 / 今天 / 都不 / 出去
xiǎng / wǒ / yìdiǎn / jīntiān / dōu bù / chū-qù

3. ........................................................................

一 / 电脑 / 点 / 不 / 这种 / 也 / 贵
yī / diànnǎo / diǎn / bù / zhè zhǒng / yě / guì

4. ........................................................................

"酷" / 说 / 我 / 一点 / 孩子 / 也不
« kù » / shuō / wǒ / yìdiǎn / háizi / yě bù

5. ........................................................................

Bravo, vous êtes venu à bout du chapitre 11 ! Il est maintenant temps de comptabiliser les icônes et de reporter le résultat en page 128 pour l'évaluation finale.

# Comparer

## Similitude

L'adverbe 也 **yě** [yé] *aussi, également*, exprime la similitude et l'inclusion. Sa négation précède l'élément verbal : 也不 **yě bù** ou 也没 **yě méi** *non plus*. Le verbe est répété dans la réponse :

我是中国人，你呢？  
**Wǒ shì zhōngguórén, nǐ ne ?**  
*Je suis chinois, et toi ?*

我也是。  
**Wǒ yě shì.** (moi aussi être)  
*Moi aussi.*

我不是中国人。  
**Wǒ bú shì zhōngguórén.**  
*Je ne suis pas chinois.*

我也不是。  
**Wǒ yě bú shì.** (moi aussi pas être)  
*Moi non plus.*

**❶ Dupont et Dupond se ressemblent ! Lisez et complétez :**

Quand  **Jiǎ** dit…

乙 **Yǐ** dit…

我在上海工作。  
**Wǒ zài Shànghǎi gōngzuò.**

我也是。

我学过一年中文。  
**Wǒ xué-guo yì nián zhōngwén.**

我也是。

我不是法国人。  
**Wǒ bú shì fǎguórén.** [fa-gouᶦo-jenn]

我也不是。

我爱吃西瓜。  
**Wǒ ài chī xīguā.** [tcheu ssi-goua]

我也爱吃。

我想买牛肉。  
**Wǒ xiǎng mǎi niúròu.** [niou-joᶦou]

我也是。

对不起，我没带钱。  
**Duìbuqǐ, wǒ méi dài qián.** [tch'ienn]

我也没带￢。

**1.** Ils ............................................................. tous deux à Shanghai.
**2.** Jia a étudié ............................................................. et Yi aussi.
**3.** Jia et Yi ne sont ............................................................. ni l'un ni l'autre.
**4.** Tous les deux ............................................................. les pastèques.
**5.** Jia et Yi ............................................................. du bœuf.
**6.** Ils ne feront pas de courses aujourd'hui car aucun n'a apporté .............................

## COMPARER

### 2 Telle mère, tel fils ?

| àng [ssiang] | ressembler |
| fūrén [fou-jenn] | Madame Li |
| ànádà | Canada |
| uárén [h'oua-jenn] | personne d'origine chinoise |
| rzi [er-dzeu] | fils |
| ōngmíng [tsong-ming] | doué |

| wàng zǐ [dzeu] chéng lóng | espérer que son enfant réussisse (devenir dragon) |
| xuéxí chéngjì [tcheng-dyi] | résultats scolaires |
| niúnǎi [niou-naï] | lait (de vache) |
| bīngqí [tch'i] lín | glaces |
| pàng [p'ang] | gros |

李明很像妈妈：
Lǐ Míng hěn xiàng māma :

李夫人是加拿大的华人，　　儿子也是。
Lǐ fūrén shì Jiànádà de Huárén,
1. ........................

妈妈很聪明，　　　　　　　儿子也很聪明。
Māma hěn cōngmíng,
2. ........................

妈妈望子成龙，　　　　　　儿子学习成绩很好。
Māma wàng zǐ chéng lóng,
3. ........................

妈妈不喝牛奶，　　　　　　儿子爱吃冰淇淋。
Māma bù hē niúnǎi,
4. ........................

妈妈有点胖，　　　　　　　李明也有点胖。
Māma yǒudiǎn pàng,
5. ........................

### Pareil ou différent ?

L'adjectif verbal 一样 yíyàng *être pareil* exprime la similitude. Pour la différence, on dit 不一样 bù yíyàng ou encore 不同 bù tóng *pas pareil, différent* :

| 这两本书一样不一样？ | 不一样。 | 有什么不同？ |
| Zhè liǎng běn shū yíyàng-bu-yíyàng ? | Bù yíyàng. | Yǒu shénme bù tóng ? |
| Ces deux livres sont-ils pareils ? | Non. | Qu'ont-ils de différent ? |

## COMPARER

**3** Répondez oralement :

不一样
**bù yíyàng**
*pas pareil*

有点不同
**yŏudiăn bù tóng**
ou encore
不太一样
**bú tài yíyàng**
*un peu différent*

差不多
**chà-bu-duō**
*presque pareil*

不同
**bù tóng**
*différent*

根本不同
**gēnběn bù tóng**
*complètement différent*

一样
**yíyàng**
*pareil*

你和妈妈一样吗？
**Nĭ hé māma yíyàng ma ?**
(toi et mère pareil ?)

台湾和大陆一样不一样？
**Táiwān hé dàlù yíyàng-bù-yíyàng ?**
(Taiwan et continent pareil ou pas ?)

上海和东京不太一样吧？
**Shànghăi hé Dōngjīng bú tài yíyàng ba ?**
(Shanghai et Tokyo pas trop pareil n'est-ce pas ?)

巴黎和伦敦的生活怎么样？
**Bālí hé Lúndūn de shēnghuó zěnmeyàng ?**
(Paris et Londres de la vie comment ?)

### Coordonner ou juxtaposer ?

- Le marqueur de coordination entre deux noms ou pronoms est 和 **hé** *et* :

李明和弟弟不一样。
**Lĭmíng hé dìdi bù yíyàng.**
*Li Ming et son frère sont différents.*

李明和他弟弟常常吵架。
**Lĭ Míng hé tā dìdi chángcháng chǎo jià.**
*Li Ming et son petit frère se disputent souvent.*

- Il ne s'emploie pas pour relier deux propositions comme en français. Dans ce cas, le chinois préfère juxtaposer :

哥哥在瑞士，姐姐在印尼。
**Gēge zài Ruìshì, jiějie zài Yìnní.**
*Mon frère aîné est en Suisse et ma sœur aînée en Indonésie.*

**4** Complétez :

1. 她_____老公常常吵架。
   **Tā** .................. **lăogōng chángcháng chǎo jià.**
   *Elle se dispute souvent avec son mari.*

2. 哥哥叫李明_____弟弟叫李天。
   **Gēge jiào Lĭ Míng** .................. **dìdi jiào Lĭ Tiān.**
   *Le grand frère s'appelle Li Ming et le petit Li Tian.*

3. 这里很吵_____那里很安静。
   **Zhèli hěn chǎo** .................. **nàli hěn ānjìng.**
   *Ici c'est très bruyant et très calme là-bas.*

**COMPARER**

4. 我女儿＿＿＿＿你儿子一样大。
   **Wǒ nǚ'ér ........................................... nǐ érzi yíyàng dà.**
   *Ma fille a le même âge que ton fils.*

5. 我儿子喜欢＿＿＿＿朋友一起出去玩儿。
   **Wǒ érzi xǐhuān ............................ péngyou yìqǐ chū-qù wánr.**
   *Mon fils aime sortir avec des amis.*

### Ressemblance et comparaison

- La ressemblance s'exprime avec le verbe 像 **xiàng** *ressembler à, être ressemblant* :
  
  这张画很像。
  **Zhè zhāng huà hěn xiàng.**
  *Ce dessin est très ressemblant.*

- 像 **xiàng** peut remplacer 和 **hé** dans la tournure {像 **xiàng**… 一样 **yíyàng**} qui peut être suivie d'un élément verbal pour comparer. Par exemple :
  
  像梦一样。　　　　像梦一样自由
  **Xiàng mèng yíyàng.**　　**xiàng mèng yíyàng zìyóu**
  *C'est comme un rêve.*　　*(aussi libre qu'en rêve) libre comme l'air*

**5** Associez pour prolonger les phrases en modifiant le sens :

1. 今天天气像冬天一样。
   **Jīntiān tiānqì xiàng dōngtiān yíyàng.**
   *Aujourd'hui le temps est comme en hiver.*

   A. 工作
   **gōngzuò**

2. 我太笨，不像你这样。
   **Wǒ tài bèn, bú xiàng nǐ zhèyàng.**
   *Je suis trop bête, ce n'est pas comme toi.*

   B. 美
   **měi**

3. 这个女孩像花一样。
   **Zhè ge nǚhái xiàng huā yíyàng.**
   *Cette jeune fille ressemble à une fleur.*

   C. 生活
   **shēnghuó**

4. 你说人们不要像蚂蚁一样。
   **Nǐ shuō rénmen bú yào xiàng mǎyǐ yíyàng.**
   *Tu dis que les gens ne doivent pas être comme des fourmis.*

   D. 冷
   **lěng**

5. 可是，谁不能像蝴蝶一样？
   **5. Kěshi, shéi néng xiàng húdié yíyàng ?**
   *Mais, qui peut être comme un papillon ?*

   E. 聪明
   **cōngmíng**

## COMPARER

### Combinaison de sens

- Le chinois associe plusieurs caractères pour former des mots pluri-syllabiques. Ainsi :
  中国 **Zhōngguó** (CENTRE-PAYS) *la Chine*. À l'origine, ce mot désignait les royaumes de la plaine centrale avant l'unification de l'empire en -221 et son extension.
  美国 **Měiguó** a été formé à partir du mot A<u>me</u>rica et les deux caractères BEAU-PAYS.
  法国 **Fǎguó** a été formé à partir de la syllabe <u>Fra</u>nce et les deux caractères LOI-PAYS.
- Cette souplesse combinatoire facilite les néologismes, par exemple pour une nouvelle technologie : 无人机 **wúrénjī** (SANS-PERSONNE-APPAREIL) *drone*.
- Pour saisir et retenir le vocabulaire chinois, il est bénéfique de s'intéresser à la formation des mots. Voyez l'exercice 6 sur le vocabulaire abstrait de la différence.

**6** Surlignez le mot correspondant à ces combinaisons de sens :

1. 这两种水果区别很大。
   **Zhè liǎng zhǒng shuǐguǒ qūbié hěn dà.**   DISTINGUER-AUTRE

2. 这三种乐器有什么区别？
   **Zhè sān zhǒng yuèqī yǒu shénme qūbié ?**   MUSIQUE-INSTRUMENT

3. 美国和中国时差是多少？
   **Měiguó hé Zhōngguó shíchā shì duōshao ?**   TEMPS-DÉCALAGE
   BEAUCOUP-PEU

4. 中国和美国的高考有什么差别？
   **Zhōngguó hé Měiguó de gāokǎo yǒu shénme chābié ?**   HAUT-EXAMEN
   DÉCALAGE-AUTRE

5. 贫富差距越来越大。
   **Pínfù chājù yuè lái yuè dà.**   PAUVRE-RICHE
   DÉCALAGE-ÉCART

### Comparatif de supériorité : « plus que »

比 **bǐ** *comparer, comparé à, par rapport à*, permet d'introduire un comparant au moyen de la structure {sujet + 比 **bǐ** + comparant + adjectif verbal} :

我比你大。  你比我小。
**Wǒ bǐ nǐ dà**  **Nǐ bǐ wǒ xiǎo.**
*Je suis plus âgé que toi*  *Tu es plus jeune que moi.*

COMPARER

**7** Cherchez l'ordre des mots :

你/比/重/我
nǐ/bǐ/zhòng/wǒ | Je suis plus lourd que toi.

1. ....................................................................

比/他/更/你/快
bǐ/tā/gèng/nǐ/kuài | Il est encore plus rapide que toi.

2. ....................................................................

高/爸爸/比/儿子
gāo/bàba/bǐ/érzi | Le fils est plus grand que son père.

3. ....................................................................

比/人口/人口/多/印度/中国
bǐ/rénkǒu/rénkǒu/duō/Yìndù/Zhōngguó | La population chinoise est plus nombreuse que la population indienne.

4. ....................................................................

好/比/老师/还要/她/写字
hǎo/bǐ/lǎoshī/hái yào/tā/xiě zì | Elle écrit les caractères chinois encore mieux que son professeur.

5. ....................................................................

## Comparatif d'infériorité : « moins que »

Pour exprimer l'infériorité avec moins que, pas aussi que, pas autant que, on utilise la structure {sujet + 没有 méi yǒu + comparant + adjectif verbal} :

我没有你高。
**Wǒ méi yǒu nǐ gāo.**
Je ne suis pas aussi grand que toi.

她写字没有老师快。
**Tā xiě zì méi yǒu lǎoshī kuài.**
Elle écrit les caractères moins vite que son professeur.

# COMPARER

**8** Dites la même chose avec un comparatif d'infériorité :

1. 他比你快。
   **Tā bǐ nǐ kuài.**

   → ..................................................

2. 儿子比爸爸高。
   **Érzi bǐ bàba gāo.**

   → ..................................................

3. 中国人口比印度人口多。
   **Zhōngguó rénkǒu bǐ Yìndù rénkǒu duō.**

   → ..................................................

4. 她写字比老师好。
   **Tā xiě zì bǐ lǎoshī hǎo.**

   → ..................................................

## Comparatif d'égalité : « aussi que »

Pour dire *autant que*, *aussi que*, on prend la même formule que pour la ressemblance. Mais il y a trois marqueurs pour introduire le comparant : 像 **xiàng** *ressembler, comme* ; 和 **hé** *et, avec* ; 跟 **gēn** *avec*. On obtient donc la structure :

{sujet + 像 **xiàng** / 和 **hé** / 跟 **gēn** + comparant + 一样 **yíyàng** + adjectif}

像火一样热  
**xiàng huǒ yíyàng rè** [je]  
*aussi chaud que le feu*

和冬天一样冷  
**hé dōngtiān yíyàng lěng**  
*aussi froid qu'en hiver*

跟昨天一样多  
**gēn zuótiān yíyàng duō**  
*autant qu'hier*

**9** Déchiffrez, puis complétez :

1. 我跟你一样笨。
   **Wǒ gēn nǐ yíyàng bèn.**

   → Je suis ..................................................

2. 你挣钱跟我一样多。
   **Nǐ zhèng qián gēn wǒ yíyàng duō.**

   → Tu gagnes ..................................................

3. 我老妈像蜜蜂一样勤劳。
   **Wǒ lǎo mā xiàng mìfēng yíyàng qínláo.**

   → Ma ..................................................

4. 奶奶说，生男生女一样贵！
   **Nǎinai shuō, shēng nán shēng nǚ yíyàng guì !**

   → La grand-mère dit que ..................................................

**COMPARER**

**5.** 这两个国家的生活习惯差不多。
Zhè liǎng ge guójiā de shēnghuó xíguàn chà-bu-duō.
→ Ces deux pays ............................................................................

## Superlatif : « le plus » et « le moins »

Le superlatif se forme avec 最 zuì *le plus*, *le moins*, placé devant un élément verbal :

你最喜欢哪个国家？   我最不喜欢吃苦瓜。
Nǐ zuì xǐhuān nǎ ge guójiā ?   Wǒ zuì bù xǐhuān chī kǔguā.
(tu le-plus aimer quel **ge** pays)   (je le-plus ne-pas aimer manger amer-courge)
Quel pays préfères-tu ?   Je déteste le melon amer.

**10** Associez pour compléter les phrases :

1. 我们的房间最不_____
   Wǒmen de fángjiān zuì bù ..................................
   *Notre chambre est la plus sale.*

   **A.** 最多
   zuì duō

2. 世界上_____的国家是俄国。
   Shìjiè shàng .......................... de guójiā shì Éguó.
   *Le pays le plus grand du monde est la Russie.*

   **B.** 最好
   zuì hǎo

3. 这里_____气温是45°C。
   Zhèlǐ .......................... qìwēn shì sì shí wǔ dù.
   *Ici, la température la plus haute est 45°.*

   **C.** 最大
   zuì dà

4. 笔画_____的是什么汉字？
   Bǐhuà .......................... de shì shénme hànzì ?
   *Quel est le caractère chinois qui a le plus de traits ?*

   **D.** 最高
   zuì gāo

5. 我买了_____的柿子。
   Wǒ mǎi-le .......................... de shìzi.
   *J'ai acheté les meilleurs kakis.*

   **E.** 干净
   gānjìng *propre*

Bravo, vous êtes venu à bout du chapitre 12 ! Il est maintenant temps de comptabiliser les icônes et de reporter le résultat en page 128 pour l'évaluation finale.

# 13 Passé, présent, futur

## Le temps et le lieu

- Comme le chinois n'a pas de temps verbaux, ils sont principalement remplacés par des repères temporels. Il faut acquérir le réflexe de les placer avant ou après le sujet, en tout cas en amont de l'élément verbal.

- Le temps étant une catégorie plus générale que le lieu, l'ordre standard se résume ainsi :

{temps ➜ lieu ➜ action}

### ❶ Quel temps verbal convient en français ?

1. 以前怎么样？
   **Yǐqián zěnmeyàng ?**
   ➜ Comment c' ........................... avant ?

2. 过去怎么样 ？
   **Guòqù zěnmeyàng ?**
   ➜ Comment ................-ce autrefois ?

3. 现在怎么样？
   **Xiànzài zěnmeyàng ?**
   ➜ Et maintenant, c' ............ comment ?

4. 以后怎么样？
   **Yǐhòu zěnmeyàng ?**
   ➜ Comment ce ..................... après ?

5. 将来怎么样？
   **Jiānglái zěnmeyàng ?**
   ➜ À l'avenir, comment ce ............... ?

6. 最近怎么样？
   **Zuìjìn zěnmeyàng ?**
   ➜ Comment ça ............... ces temps-ci ?

### ❷ Observez les températures pour répondre aux questions :

| | | | |
|---|---|---|---|
| **zuótiān** | hier | **dù** | degré celsius |
| **jīntiān** | aujourd'hui | **tiānqì** | temps, météo |
| **míngtiān** | demain | **yǒudiǎn lěng** | faire un peu froid |
| **zǎoshang** | tôt le matin | **rè** | chaud, trop chaud |
| **zhōngwǔ** | vers midi | **hái bǐjiào rè** | encore assez chaud |
| **Shěnyáng** | (ville) | **bǐjiào nuǎnhuo** | assez doux (pas froid) |
| **Xiānggǎng** | Hong Kong | **liángkuài** | frais (moins chaud) |
| **qìwēn** | température | | |

## PASSÉ, PRÉSENT, FUTUR

| Moment de la journée : | Lieu en Chine : | Hier 29 octobre | Aujourd'hui 30 octobre | Demain 31 octobre |
|---|---|---|---|---|
| tôt le matin | Shenyang (nord-est) | 12° | 16° | 10° |
| vers midi | Hong Kong (plein sud) | 27° | 25° | 28° |

今天早上沈阳气温多少度？
**Jīntiān zǎoshang Shěnyáng qìwēn duōshao dù ?**
1. ..................................................................................

明天早上天气怎么样？多少度？
**Míngtiān zǎoshang tiānqì zěnmeyàng ? Duōshao dù ?**
2. ..................................................................................

昨天中午香港多少度？
**Zuótiān zhōngwǔ Xiānggǎng duōshao dù ?**
3. ..................................................................................

今天呢？
**Jīntiān ne ?**
4. ..................................................................................

明天呢？
**Míngtiān ne ?**
5. ..................................................................................

 **Sauriez-vous dire que... ?**

| 去年 | qùnián | l'an dernier |
|---|---|---|
| 今年 | jīnnián | cette année |
| 明年 | míngnián | l'an prochain |
| 前年 | qiánnián | il y a deux ans |
| 后年 | hòunián | dans deux ans |

Je pense à ne pas copier l'ordre des mots du français. Le temps se met en amont du verbe.

1. votre petit dernier est né **(chūshēng)** l'an passé.
2. vous avez l'intention **(dǎsuàn)** d'aller travailler en Chine l'an prochain.
3. vous devez apprendre à parler anglais cette année.
4. vous irez aux Etats-Unis ou au Canada dans deux ans.
5. vous resterez **(liú zài)** ici cette année.

## PASSÉ, PRÉSENT, FUTUR

### Dernier et prochain

- Pour préciser la chronologie en mois, semaine... ou siècle, on utilise les déterminants 上 **shàng** *dernier* ; 这 **zhè** *ce*, ou 本 **běn** *même* ; 下 **xià** [ssia] *prochain* :

上次
**shàng cì** [tseu]
*la dernière fois*

这次
**zhè cì** [dje tseu]
*cette fois-ci*

下次
**xià cì** [ssia tseu]
*la prochaine fois*

- Un classificateur est parfois inséré, mais pas toujours :

上个世纪
**shàng (ge) shìjì** [sheu-dyi]
*le siècle dernier*

本世纪
**běn shìjì**
*ce siècle*

下个世纪
**xià (ge) shìjì**
*le siècle prochain*

**4 Associez :**

A. ce samedi      B. ce mois-ci      C. le mois prochain

D. le mois dernier      E. la semaine prochaine      F. mardi dernier

1. 上个月 **shàng (ge) yuè**
2. 下个星期 **xià (ge) xīngqī**
3. 这个周五 **zhè ge zhōuwǔ**
4. 下个月 **xià (ge) yuè**
5. 上个周二 **shàng (ge) zhōu**
6. 这个月 **zhè ge yuè**

**5 Comparez oralement le passé et le présent :**

以前很贵
**Yǐqián hěn guì**
*Avant...*

我以前都不会说中文
**Wǒ yǐqián dōu bú huì shuō zhōngwén**
*savoir*

今天暖和了
**jīntiān nuǎnhuo le**
*...radouci*

早上下雪
**Zǎoshàng xià xuě**
*...neiger*

现在下雨了
**xiànzài xià yǔ le**
*À présent...*

昨天很冷
**Zuótiān hěn lěng**
*Hier...*

今天不舒服
**jīntiān bù shūfu**
*...mal en point*

现在便宜多了
**xiànzài piányi duō le**
*...meilleur marché*

我昨天晚上睡得很晚
**Wǒ zuótiān wǎnshàng shuì-de hěn wǎn**
*...dormir... tard*

现在会一点点
**xiànzài huì yìdiǎndi**
*... un tout petit pe*

Passé      présent

ex. Wǒ yǐqián dōu bú huì shuō zhōngwén xiànzài huì yìdiǎndiǎn

1.

2.

## PASSÉ, PRÉSENT, FUTUR

3. ........................................................................................
4. ........................................................................................

### 6 Quels repères temporels évoquent ces signes ?

1. 天 → ..................................
2. 早 → ..................................
3. 晚 → ..................................
4. 午 → ..................................

5. 今 → ..................................
6. 明 → ..................................
7. 昨 → ..................................
8. 去 → ..................................

---

**Passé immédiat et futur proche**

- Le passé immédiat utilise l'adverbe 刚 **gāng** *venir de*, ou 刚才 **gāngcái** *à l'instant* :

我刚到  
**Wǒ gāng dào.**  
*Je viens d'arriver.*

刚才有人找你。  
**Gāngcái yǒu rén zhǎo nǐ.**  
*Il y avait quelqu'un qui te cherchait à l'instant.*

- Le futur proche utilise {快 **kuài**... 了 **le**} ou {快要 **kuài yào**... 了 **le**} *bientôt, être sur le point de*. La particule finale 了 **le** exprime ici un changement imminent :

他快三十岁了。  
**Tā kuài sān shí suì le.**  
*Il va avoir trente ans.*

快要八点了。  
**Kuài yào bā diǎn le.**  
*Il sera bientôt huit heures.*

---

### 7 Que manque-t-il ?

1. 她____要走。  
**Tā** .................................. **yào zǒu.**  
*Elle va bientôt partir.*

2. 飞机____起飞。  
**Fēijī** .................................. **qǐ-fēi.**  
*L'avion vient de décoller.*

3. 新年____到了。  
**Xīnnián** .................................. **dào le.**  
*Ce sera bientôt le Nouvel an.*

4. 我____起床。  
**Wǒ** .................................. **qǐ chuáng.**  
*Je viens de me lever.*

5. ____桌子上有我的钥匙。  
.................................. **zhuōzi shàng yǒu yàoshi.**  
*À l'instant il y avait des clés sur la table.*

6. 我____在洗澡。  
**Wǒ** .................................. **zài xǐ zǎo.**  
*Je prenais ma douche tout à l'heure.*

# PASSÉ, PRÉSENT, FUTUR

## J'ai compris !

Annie : J'ai une question. Je t'ai entendu dire : **Wǒmen dào le.** *Nous sommes arrivés.*
Wang : Oui, et alors ?
Annie : Moi, j'ai appris aujourd'hui : **Wǒ gāng dào.** *Je viens d'arriver.* On ne met pas **le** ?
Wang : Bonne question ! Euh… **gāng** et **le** sont incompatibles, c'est la seule raison. En revanche, **gāngcái** est compatible avec **le**…
Annie : Donc, Je viens de me lever et je dis : **Wǒ gāngcái qǐ chuáng le.**
Wang : Oui ! Ou alors un peu plus court comme tu as appris : **Wǒ gāng qǐ chuáng.**
Annie : 明白了。 **Míngbai le.** *J'ai compris.*

## Projection dans le futur

- Pour le futur, le chinois utilise souvent les verbes auxiliaires 要 **yào** et 会 **huì** :

快递一会儿要来。
**Kuàidì yíhuìr yào lái.**
*Le livreur va venir dans un instant.*

一百年以后地球会怎么样？
**Yì bǎi nián yǐhòu dìqiú huì zěnmeyàng ?**
*Comment sera la terre dans cent ans ?*

- La période projetée est marquée par 过 **guò** ou 以后 **yǐhòu**. Attention de bien les placer :

过一年
**guò yì nián** (passer un an)
*dans un an, d'ici un an*

十年以后
**shí nián yǐhòu** (dix ans après)
*dans dix ans, d'ici dix ans*

**8** Choisissez le propos le plus adapté à la situation :

1. ⭕ Le bulletin météo annonce la pluie.
2. ⭕ Impossible d'acheter des billets de train en ligne.
3. ⭕ Vous préférez ne pas trop parler pour l'instant.
4. ⭕ Vous retrouverez votre amie dans cinq minutes.
5. ⭕ Le téléphone de votre ami est coupé.

以后再说吧。
**A. Yǐhòu zài shuō ba.**

过几天就是春节了。
**D. Guò jǐ tiān jiù shi Chūnjié le.**

你过一会儿再打电话吧。
**B. Nǐ guò yíhuìr zài dǎ diànhuà ba.**

明天会下雨。
**C. Míngtiān huì xià yǔ.**

一会儿见。
**E. Yíhuìr jiàn.**

L'ordre des mots change complètement le sens :
一会儿坐 **yíhuìr zuò** *s'assoir dans un instant*
坐一会儿 **zuò yíhuìr** *s'assoir un instant.*

PASSÉ, PRÉSENT, FUTUR

**9** Situez dans le temps :

|   | passé | présent | avenir |
|---|---|---|---|
| 1. 今天暖和了。<br>Jīntiān nuǎnhuo le. | ☐ | ☐ | ☐ |
| 2. 过几天就是春节了。<br>Guò jǐ tiān jiù shi Chūnjié le. | ☐ | ☐ | ☐ |
| 3. 现在便宜多了。<br>Xiànzài piányi duō le. | ☐ | ☐ | ☐ |
| 4. 我刚才起床了。<br>Wǒ gāngcái qǐ chuáng le. | ☐ | ☐ | ☐ |
| 5. 快要八点了。<br>Kuài yào bā diǎn le. | ☐ | ☐ | ☐ |
| 6. 新年快到了。<br>Xīnnián kuài dào le. | ☐ | ☐ | ☐ |

### Temps écoulé

- Avant le verbe, la période écoulée suivie de 以前 **yǐqián** ou 前 **qián** se traduit par *il y a* :

  四年前
  **sì nián qián** (quatre ans avant)
  *il y a quatre ans*

  很久以前
  **hěn jiǔ yǐqián** (très longtemps avant)
  *il y a très longtemps*

- Quand la période écoulée vient après le verbe, on traduit par *depuis*. La particule finale 了 **le** ramène ici au temps de l'énonciation :

  我在这里三年了。
  **Wǒ zài zhèli sān nián le.**
  *Je suis ici depuis trois ans (à présent).*
  *Ça fait trois ans que je suis ici.*

**10** Aidez-vous du mot à mot pour traduire :

很久以前有一条龙……
**Hěn jiǔ yǐqián yǒu yì tiáo lóng…**
(très longtemps avant avoir un *classificateur* dragon)

我们结婚三年多了。
**Wǒmen jié hūn sān nián duō le.**
(nous lier mariage trois ans plus **le**)

我几年前去过欧洲。
**Wǒ jǐ nián qián qù-guo Ōuzhōu.**
(je plusieurs année avant aller-**guo** Europe)

这是一百年前的老照片。
**Zhè shì yì bǎi nián qián de lǎo zhàopiàn.**
(ce être un cent année avant **de** vieux photo)

哥哥十年前出国去美国读书。
**Gēge shí nián qián chū guó qù Měiguó dú shū.**
(grand frère dix an avant sortir pays aller Amérique étudier livre)

Bravo, vous êtes venu à bout du chapitre 13 ! Il est maintenant temps de comptabiliser les icônes et de reporter le résultat en page 128 pour l'évaluation finale.

# 14

# Les compléments du verbe

## Le complément d'objet direct

- En général, le COD se place après le verbe comme en français :

你在看什么？
**Nǐ zài kàn shénme ?**
*Qu'est-ce que tu lis là ?*

我在看报。
**Wǒ zài kàn bào.**
*Je suis en train de lire le journal.*

- Si l'objet est défini, il peut être mis en valeur en tête de phrase sans ajout de virgule :

做练习
**zuò liànxí**
*faire des exercices*

这个练习请你帮我做。
**Zhè ge liànxí qǐng nǐ bāng wǒ zuò.**
(ce *classificateur* exercice prier toi aider moi faire)
*Cet exercice, peux-tu m'aider à le faire ?*

**I** Mettez en valeur le complément d'objet direct :

电影
**diànyǐng**
*film*

饼干
**bǐnggān**
*biscuits*

手机
**shǒujī**
*téléphone portable*

面试
**miànshì**
*entretien d'embauche*

1. 这个＿＿＿＿＿我没看过。

   **Zhè ge** ..................................

   **wǒ méi kàn-guo.**

   *Ce* ............., *je ne l'ai jamais vu.*

2. 这些＿＿＿＿＿我都吃了。

   **Zhè xiē** ..................................

   **wǒ dōu chī le.**

   *Ces* ............., *je les ai tous mangés.*

3. 我这个＿＿＿＿＿刚买的。

   **Wǒ zhè ge** ..................................

   **gāng mǎi de.**

   *Mon* ............., *je viens de l'acheter.*

4. 你这个＿＿＿＿＿通过了吗？

   **Nǐ zhè ge** ..................................

   **tōngguò le ma ?**

   *Ton* ............., *tu l'as passé*

# LES COMPLÉMENTS DU VERBE

### 2. Choisissez un verbe et un COD pour traduire :

吃 chī  喝 hē  开 kāi  洗 xǐ

饭 fàn　酒 jiǔ　一杯茶 yì bēi chá　澡 zǎo　一碗汤 yì wǎn tāng

白饭 bái fàn　一瓶水 yì píng shuǐ　灯 dēng　手 shǒu

1. manger →
2. manger du riz blanc →
3. boire de l'alcool →
4. boire une tasse de thé →
5. boire une bouteille d'eau →
6. boire un bol de bouillon/soupe →
7. allumer une lampe →
8. commencer à servir le repas →
9. se laver les mains →
10. prendre une douche →

### 3. Même exercice :

走 zǒu　跑 pǎo　睡 shuì　放 fàng　上 shàng　取 qǔ

班 bān　网 wǎng　钱 qián　楼 lóu　路 lù

假 jià　心 xīn　觉 jiào　步 bù

1. marcher, aller à pied →
2. courir, faire de la course à pied →
3. dormir →
4. se rassurer, ne pas s'inquiéter →
5. avoir des vacances →
6. monter (dans les étages) →
7. prendre la route →
8. aller sur Internet →
9. commencer le travail →
10. tirer de l'argent →

93

# LES COMPLÉMENTS DU VERBE

**4** Trouvez les contraires en observant les sinogrammes :

1. 上山
2. 开门
3. 上班
4. 开灯
5. 进门

A. 下班
B. 关灯
C. 出门
D. 下山
E. 关门

| 山 | shān | montagne |
| 门 | mén | porte |
| 班 | bān | équipe |
| 灯 | dēng | lampe |
| 进 | jìn | entrer |
| 出 | chū | sortir |
| 开 | kāi | ouvrir |
| 关 | guān | fermer |

## À qui ? De qui ?

Le français emploie « à qui ? » ou parfois « de qui ? » pour demander l'appartenance. En chinois, on a alors besoin de la particule 的 **de** :

这是谁的大衣？
**Zhè shì shéi de dàyī ?**
*C'est le manteau de qui ?*

大衣是谁的？
**Dàyī shì shéi de ?**
*À qui est le manteau ?*

是我的。
**Shì wǒ de.**
*C'est le mien.*

**5** Que dire en pareille situation ?

| 包 | bāo | sac, sachet |
| 咖啡 | kāfēi | café |
| 袜子 | wàzi | chaussette |
| 乱 | luàn | pagaille, désordonné |
| 请问 | qǐng wèn | (pour introduire poliment une question) |

1. Quelqu'un a oublié son sac.
2. Par mégarde, vous avez pris un téléphone qui ressemble au vôtre.
3. Un agent de police demande poliment si cette voiture est à vous. Vous répondez que non.
4. La lessive est finie, mais les chaussettes de toute la famille sont mélangées !
5. Votre voisin de table est en train de piquer votre café.

# LES COMPLÉMENTS DU VERBE

## À qui ? Pour qui ?

En français, la question « à qui ? » sert aussi à demander qui est le destinataire de l'action. En chinois, quelques verbes sont immédiatement suivis du destinataire selon la structure {verbe + destinataire + complément d'objet direct}. Par exemple :

我送你一朵玫瑰花。
**Wǒ sòng nǐ yì duǒ méiguīhuā.**
(je offrir toi une *classificateur* rose-fleur)
*Je t'offre une rose.*

**6** Associez les trois colonnes :

| | | |
|---|---|---|
| 1. 谁教你 <br> Shéi jiāo nǐ | A. 一个秘密。<br> yí ge mìmì. | 1. *Je vais te dire un secret.* |
| 2. 我送她 <br> Wǒ sòng tā | B. 一个吻。<br> yí ge wěn. | 2. *Donne-moi un baiser.* |
| 3. 我告诉你 <br> Wǒ gàosù nǐ | C. 一朵花。<br> yì duǒ huā. | 3. *Qui t'enseigne le chinois ?* |
| 4. 给我 <br> Gěi wǒ | D. 个红包。<br> ge hóngbāo. | 4. *Je lui offre une fleur.* |
| 5. 爷爷给你 <br> Yéye gěi nǐ | E. 中文？<br> zhōngwén ? | 5. *Papi te donne une enveloppe rouge.* <br> (avec des sous dedans pour le Nouvel an) |

**7** Numérotez pour reconstituer le petit dialogue :

| zhīdào | savoir |
|---|---|
| shēngrì | anniversaire |
| qǐng | inviter |
| nà | alors, dans ce cas |

☐ 太好了！
**Tài hǎo le !**

☐ 我请你吃饭。
**Wǒ qǐng nǐ chī fàn.**

☐ 那你送我什么？
**Nà nǐ sòng wǒ shénme ?**

☐ 我知道。
**Wǒ zhīdào.**

☐ 今天是我的生日。
**Jīntiān shì wǒ de shēngrì.**

# LES COMPLÉMENTS DU VERBE

## Compléments préverbaux

Les prépositions chinoises proviennent souvent de verbes. Le groupe prépositionnel se place avant le verbe principal. Cette règle facile est la clé de vos progrès. Observez :

| | | | | | |
|---|---|---|---|---|---|
| 跟 | gēn | suivre | 跟我来 | gēn wǒ lái | venir avec moi |
| 给 | gěi | donner | 给你打电话 | gěi nǐ dǎ diànhuà | te passer un coup de fil |
| 和 | hé | s'accorder | 和你一起去 | hé nǐ yiqǐ qù | aller avec toi |
| 在 | zài | se trouver à | 在这里读书 | zài zhèli dú shū | faire ses études ici |
| 对 | duì | être face à | 对你说 | duì nǐ shuō | te dire |
| 帮 | bāng | aider | 帮你收拾 | bāng nǐ shōushí | t'aider à ranger |
| 用 | yòng | utiliser | 用筷子吃饭 | yòng kuàizi chī fàn | manger avec des baguettes |

**8** Associez les trois colonnes :

1. 你会不会用筷子
   Nǐ huì-bu-huì yòng kuàizi
2. 我帮你
   Wǒ bāng nǐ
3. 妈妈给李明
   Māma gěi Lǐ Míng
4. 我不跟你
   Wǒ bù gēn nǐ
5. 我给你
   Wǒ gěi nǐ

A. 说了。
   shuō le !
B. 介绍一下。
   jièshào yíxià.
C. 吃鸡蛋？
   chī jīdàn.
D. 讲故事。
   jiǎng gùshi.
E. 学法文，好吗？
   xué fǎwén, hǎo ma ?

1. Maman raconte une histoire à Li Ming.
2. Je vais te faire une petite présentation.
3. Sais-tu manger les œufs avec des baguettes ?
4. Je ne te parle plus.
5. Je vais te donner un coup de main en français, d'accord ?

**9** Insérez oralement l'élément bleu dans la phrase :

| | | | | |
|---|---|---|---|---|
| máobǐ | pinceau | | yīshēng | médecin |
| xiě zì | écrire (des signes) | | kāi yào | prescrire un médicament |
| yìqǐ | ensemble | | zhōngyào | médicament chinois |
| bù | classificateur | | pópo | belle-mère |

# LES COMPLÉMENTS DU VERBE

Bien placer le groupe prépositionnel ? Pas évident !

用毛笔
yòng máobǐ

1. 写字难不难？
xiě zì nán-bu-nán ?

«和你在一起»
« Hé nǐ zài yìqǐ »

2. 李明喜欢看这部老电影。
Lǐ Míng xǐhuān kàn zhè bù lǎo diànyǐng.

在哪儿？
zài nǎr ?

3. 你工作
nǐ gōngzuò

给我
gěi wǒ

4. 医生开了中药。
yīshēng kāi-le zhōngyào.

跟你婆婆
gēn nǐ pópo

5. 一起住可以吗 ？
yìqǐ zhù kěyi ma ?

## Même son, même ton et pas le même sens !!!

Eh oui, les homophones sont nombreux en chinois. Comment les différencier ? Par le signe bien sûr ! Et le contexte :

要　　　　　　药　　　　　我不要吃药。
yào　　　　　yào　　→　　Wǒ bú yào chī yào.
vouloir　　　médicament　　Je ne veux pas prendre de médicaments.

**10** Comparez ces homophones et complétez :

男 **nán** *masculin, garçon* / 难 **nán** 1. ........................................

部 **bù** *(classificateur)* / 不 **bù** 2. ........................................

医 **yī** *médecine* / 一 **yī** 3. ........................................

再 **zài** *encore, à nouveau* / 在 **zài** 4. ........................................

笔 **bǐ** *pinceau, stylo* / 比 **bǐ** 5. ........................................

Bravo, vous êtes venu à bout du chapitre 14 ! Il est maintenant temps de comptabiliser les icônes et de reporter le résultat en page 128 pour l'évaluation finale.

# 15

# Verbes auxiliaires

## Savoir faire et savoir quelque chose

Le savoir-faire s'exprime avec l'auxiliaire 会 **huì** alors que le verbe 知道 **zhīdào** indique la connaissance :

你会说英语吗？
**Nǐ huì shuō yīngyǔ ma ?**
*Tu sais parler anglais ?*

你知道地址吗？
**Nǐ zhīdào dìzhǐ ma ?**
*Tu connais l'adresse ?*

你知不知道她在哪儿？
**Nǐ zhī-bu-zhīdào tā zài nǎr ?**
*Sais-tu où elle est ?*

### ❶ Quel est le verbe manquant ?

1. 你____踢足球吗？
   **Nǐ .................... tī zúqiú ma ?**
   *Tu sais jouer au foot ?*

2. 你____我爸是谁啊？！
   **Nǐ .................... wǒ bà shì shéi a ?!**
   *Sais-tu qui est mon père ?!*

3. 当时人家不____游泳。
   **Dāngshí rénjiā bú .................... yǒngyǒng ?**
   *À l'époque, les gens ne savaient pas nager*

4. 你____地铁站叫什么？
   **Nǐ .................... dìtiězhàn jiào shénme ?**
   *Sais-tu comment s'appelle la station de métro ?*

5. 孩子____说普通话，就是不敢说。
   **Háizi .................... shuō pǔtōnghuà, jiùshi bù gǎn shuō.**
   *Le petit sait parler la « langue commune » c'est juste qu'il n'ose pas.*

## Vraisemblance et certitude

L'auxiliaire 会 **huì** exprime aussi la probabilité présente ou future. Il est souvent précédé d'adverbes de certitude ou de doute, tels que 可能 **kěnéng** *peut-être*, ou 一定 **yídìng** *à coup sûr, certainement*. Par exemple :

晚上可能会下雨。
**Wǎnshàng kěnéng huì xià yǔ.**
*Peut-être qu'il pleuvra ce soir.*

明天一定会下雨。
**Míngtiān yídìng huì xià yǔ.**
*Il pleuvra certainement demain.*

## VERBES AUXILIAIRES

**2** Associez :

1. 现在他不会在家里。
   Xiànzài tā bú huì zài jiā.

2. 我没想到会这么容易。
   Wǒ méi xiǎng-dào huì zhème róngyì.

3. 八月去香港会有台风吗？
   Bā yuè qù Xiānggǎng huì yǒu táifēng ma ?

4. 我看不一定。
   Wǒ kàn bù yídìng.

5. 你怎么会知道的？
   Nǐ zěnme huì zhīdào de ?

A. *Comment le saurais-tu ?*

B. *À mon avis, pas forcément ;*

C. *Je ne crois pas qu'il soit chez lui pour l'instant.*

D. *On risque d'avoir un typhon en allant à Hong Kong au mois d'août ?*

E. *Je ne pensais pas que ce serait aussi facile.*

**3** Réalisez le dialogue en vous servant de l'exercice 2 :

| 想到 | xiǎng-dào | penser que |
| 香港 | Xiānggǎng | Hong Kong |
| 台风 | táifēng | typhon |
| 我看 | wǒ kàn | à mon avis |

1. JIA veut aller à Hong Kong en août.
2. YI fait remarquer que JIA risque d'y subir un typhon.
3. JIA dit que ce n'est pas sûr.
4. YI réplique que JIA n'est pas d'ici, qu'il ne connaît pas.
5. JIA admet qu'il n'avait pas pensé aux éventuels typhons.

### « Je ne sais pas si… »

Ce type de question indirecte utilise
- soit l'interrogation alternative {verbe-négation-verbe} telle que 是不是 **shì-bu-shì** ;
- soit l'interrogatif 还是 **háishi** *ou bien* ;
- soit tout autre interrogatif.

我不知道是不是真的。
**Wǒ bù zhīdào shì-bu-shì zhēn de.**
*Je ne sais pas si c'est vrai (ou pas).*

我不知道是对的还是错的。
**Wǒ bù zhīdào shì duì de háishi cuò de.**
*Je me demande si c'est juste ou faux.*

## VERBES AUXILIAIRES

**4**  Associez un énoncé à une situation :

1. 不知道她是日本人还是韩国人。
   **Bù zhīdào tā shì rìběnrén háishi hánguórén.**

2. 不知道人类将来会用什么能源。
   **Bù zhīdào rénlèi jiānglái huì yòng shénme néngyuán.**

3. 你知道最近太阳几点升起吗？
   **Nǐ zhīdào zuìjìn tàiyáng jǐ diǎn shēng-qǐ ma ?**

4. 我不知道你们是不是喜欢吃奶酪。
   **Wǒ bu zhīdào nǐmen shì-bu-shì xǐhuān chī nǎilào.**

5. 不知道以后会不会有地铁。
   **Bù zhīdào yǐhòu huì-bu-huì yǒu dìtiě.**

A. *Mes invités chinois aiment-ils le fromage ?*

B. *J'ai oublié si cette artiste est japonaise ou coréenne.*

C. *On espère une extension du métro dans notre quartier.*

D. *Quelles sources d'énergie utilisera l'humanité dans l'avenir ?*

E. *Je me demande à quelle heure se lève le soleil en ce moment.*

### Volonté et intention

- Le verbe 想 **xiǎng**, *avoir envie de*, est moins fort et plus poli que 要 **yào** *vouloir*.
- Le verbe 打算 **dǎsuàn**, *avoir l'intention de*, concerne les projets.
- Le verbe 愿意 **yuànyì**, *désirer, souhaiter*, engage le sujet de façon personnelle.

**5**  Cherchez l'ordre des mots :

吃 / 要 / 还 / 吗 / 你 / 面
**chī/yào/hái/ma/nǐ/miàn** | *Veux-tu encore des nouilles ?*

1. ......................................................

哪儿 / 去 / 你 / 想
**nǎr/qù/nǐ/xiǎng** | *Où voudrais-tu aller ?*

2. ......................................................

不 / 我 / 东西 / 去 / 买 / 想
**bù/wǒ/dōngxi/qù/mǎi/xiǎng** | *Je n'ai pas envie d'aller faire des courses.*

3. ......................................................

# VERBES AUXILIAIRES

做／你／打算／什么／今晚
**zuò/nǐ/dǎsuàn/shénme/jīnwǎn** | *Qu'est-ce que tu comptes faire ce soir ?*

4. ......................................................................

结婚／愿意／他／跟／我／不
**jié hūn/yuànyì/tā/gēn/wǒ/bù** | *Je n'ai aucune envie de me marier avec lui.*

5. ......................................................................

**6** Cherchez à qui attribuer ces paroles :

| | |
|---|---|
| zhǔnbèi | préparer |
| wán | finir |
| tián biǎo | remplir un formulaire |
| yàn xuè | faire une analyse sanguine |
| lǎojiā | bercail, lieu ancestral |
| yǐjīng | déjà |
| yǐhòu | après, une fois que |
| yǐqián | avant, avant de |

### Devoir et obligation

- Le verbe 应该 **yīnggāi**, *devoir*, est le plus facile à utiliser.
- Le verbe 得 **děi**, *devoir, falloir*, ne se met pas à la forme négative.
- Selon le contexte, le verbe 要 **yào** signifie *vouloir* ou *falloir*.

**A.** un médecin
**B.** un fonctionnaire
**C.** une nounou d'origine rurale
**E.** un acteur qui a le trac
**F.** un étranger dans un bureau

**2.** ☐
填完表以后
我应该做什么？
**Tián-wán biǎo yǐhòu
wǒ yīnggāi zuò shénme ?**

**3.** ☐
去验血以前
不要吃饭。
**Qù yàn xuè yǐqián
bú yào chī fàn.**

**1.** ☐
已经六点了，
我得准备准备了。
**Yǐjīng liù diǎn le,
wǒ děi zhǔnbèi-zhǔnbèi le.**

**4.** ☐
星期一到星期五
我没空，要工作。
**Xīngqīyī dào xīngqīwǔ
wǒ méi kòng, yào gōngzuò.**

**5.** ☐
春节我得回老家。
**Chūnjié wǒ děi huí lǎojiā.**

## VERBES AUXILIAIRES

**7 Associez :**

1. 你哪天有空？我想请你吃饭。
   Nǐ nǎ tiān yǒu kòng ? Wǒ xiǎng qǐng nǐ chī fàn.

2. 我今天不舒服，
   Wǒ jīntiān bù shūfu,

3. 我住在东北。
   Wǒ zhù zài dōngběi.

4. 那儿可以滑雪吗？
   Nàr kěyi huá xuě ma ?

5. 可不可以
   Kě-bu-kěyi

A. 开窗通风？
   kāi chuāng tōng fēng ?

B. 当然可以，还可以滑冰。
   Dāngrán kěyi, hái kěyi huá bīng.

C. 不能吃东西。
   bù néng chī dōngxi.

D. 周末可以。
   Zhōumò kěyi.

E. 那儿冬天可冷了。
   Nàr dōngtiān kě lěng le.

### Besoin, non nécessité et défense

- Le verbe 需要 **xūyào**, *avoir besoin de*, indique la nécessité tandis que 不用 **bú yòng** indique le contraire : *ce n'est pas la peine de, il est inutile de*.

- Pour dire que quelque chose n'est pas autorisé, on utilise 不可以 **bù kěyǐ** *il n'est pas possible de, pas permis de*. Mais 不许 **bù xǔ** a un sens plus fort : *il est défendu de*.

**8 Déchiffrez pour résoudre le QCM :**

1. 不许吃巧克力！
   Bù xǔ chī qiǎokèlì !

2. 我需要有人照看孩子。
   Wǒ xūyào yǒu rén zhàokàn háizi.

3. 我来帮你，你不用担心。
   Wǒ lái bāng nǐ, nǐ bú yòng dān xīn.

4. 煮饭不用放盐。
   Zhǔ fàn bú yòng fàng yán.

5. 没做完功课不可以玩电脑！
   Méi zuò-wán gōngkè bù kěyǐ wán diànnǎo !

| | | | |
|---|---|---|---|
| 1. J'ai peur | A. que Li Ming soit malade | B. que Li Ming mente | |
| 2. Je cherche | A. un enfant | B. un baby-sitter | C. un job |
| 3. Je veux aider | A. un collègue | B. un miséreux | C. mon médecin |
| 4. Nous mangerons | A. du riz cantonais | B. du riz blanc | C. du riz complet |
| 5. Je parle | A. à mon frère aîné | B. à ma mère | C. aux enfants |

# VERBES AUXILIAIRES

**9**  Bilan : quel verbe auxiliaire manque-t-il ?

| airén   | *conjoint*              |
| ------- | ----------------------- |
| fānyì   | *traduire*              |
| yīshēng | *médecin*               |
| chī yào | *prendre des médicaments* |

1. 我爱人也_____说一点点中文。
   Wǒ àirén yě .................................
   shuō yìdiǎndiǎn zhōngwén.

2. 不懂，我们_____有人翻译。
   Bù dǒng, wǒmen ................................
   yǒu rén fānyì.

3. 今天下午可能_____下雪。
   Jīntiān xiàwǔ kěnéng ...........................
   xià xuě.

4. 医生说你没有病，_____吃药。
   Yīshēng shuō nǐ méi yǒu bìng, ...............
   chī yào.

5. 对不起，已经八点了，我_____回家。
   Duìbuqǐ, yǐjīng bā diǎn le, wǒ ...............
   huí jiā.

Parfois je confonds
要 **yào** [ya₀] *vouloir*
et 有 **yǒu** [yo¹ᵒᵤ] *avoir*.
Alors les gens se demandent
ce que je raconte…

**10** Bilan : quel sens donne le verbe auxiliaire ?

Nécessité
Possibilité
Non nécessité
Capacité
Intention
Permission
Futur
Savoir-faire
Volonté
Projet

1. 你能吃多少？
   Nǐ néng chī duōshao ?

2. 她快要走了。
   Tā kuài yào zǒu le.

3. 还得等三个小时。
   Hái děi děng sān ge xiǎoshí.

4. 我不会用筷子吃饭。
   Wǒ bú huì yòng kuàizi chī fàn.

5. 我明年要去中国。
   Wǒ míngnián yào qù Zhōngguó.

6. 你打算怎么去？
   Nǐ dǎsuàn zěnme qù ?

7. 这不用多说了。
   Zhè bú yòng duō shuō le.

8. 可不可以用你的手机？
   Kě-bu-kěyǐ yòng nǐ de shǒujī ?

9. 我的车能不能修理？
   Wǒ de chē néng-bu-néng xiūlǐ ?

10. 这里可以取钱吗？
    Zhèli kěyǐ qǔ qián ma ?

Bravo, vous êtes venu à bout du chapitre 15 ! Il est maintenant temps de comptabiliser les icônes et de reporter le résultat en page 128 pour l'évaluation finale.

# 16
# Sensation, impression, avis et sentiment

## Sensation physique

L'adjectif verbal suffit à exprimer la sensation ou l'état physique :

你冷吗？　　我很冷。　　你累不累？　　有点累。
**Nǐ lěng ma ?**　**Wǒ hěn lěng.**　**Nǐ lèi-bu-lèi ?**　**Yǒudiǎn lèi**
*Tu as froid ?*　*J'ai très froid.*　*Tu es fatigué ?*　*Un peu* (fatigué).

 Associez pour reconstituer le dialogue :

导游
**dǎoyóu**
*Le guide de voyage*

游客
**yóukè**
*Une touriste*
*(qui a mauvaise mine)*

1. 今天怎么样？
   **Jīntiān zěnmeyàng ?**

2. 累不累？
   **Lèi-bu-lèi ?**

3. 你怎么了？
   **Nǐ zěnme le ?**

4. 病了吗？
   **Bìng le ma ?**

5. 我带你去看病。
   **Wǒ dài nǐ qù kàn bìng.**

A. 没有，就是有点不舒服。
   **Méi yǒu, jiùshi yǒudiǎn bù shūfu.**

B. 不用，喝点茶就好了。
   **Bú yòng, hē diǎn chá jiù hǎo le.**

C. 有点累。
   **Yǒudiǎn lèi.**

D. 没事。
   **Méi shì.**

E. 还好。
   **Hái hǎo.**

### Politesse

En Chine, j'ai remarqué qu'on évite de se plaindre auprès de quelqu'un que l'on connaît peu. Mais, j'ai été surprise que le guide de voyage me tutoie. Il est vrai que nous avons le même âge.

# SENSATION, IMPRESSION, AVIS ET SENTIMENT

## Ni « être » ni « avoir »

Traduire la sensation physique ou morale ne requiert pas de verbe « être » ou « avoir », juste l'adjectif verbal, souvent précédé de l'adverbe 很 **hěn/hen** plus ou moins accentué. Par exemple :

我很饿。
**Wǒ hěn è.**
*J'ai très faim*

我们很高兴
**Wǒmen hen gāoxìng.**
*Nous sommes contents*

## 2 Associez ces clés graphiques aux sensations :

### 6 "clés" graphiques courantes :

| 1. | 2. | 3. | 4. | 5. | 6. |
|---|---|---|---|---|---|
|  | 冫 | 灬 | 囗 | 饣 | 疒 |
| eau (trois gouttes) | glace (deux gouttes) | feu (quatre flammes) | mur d'enceinte (quatre murs) | nourriture (céréale) | maladie |

| A. | B. | C. | D. | E. | F. | G. |
|---|---|---|---|---|---|---|
| 冷 | 热 | 饿 | 渴 | 困 | 痛 | 疼 |
| **lěng** | **rè** | **è** | **kě** | **kùn** | **tòng** | **téng** |
| avoir froid | avoir chaud | avoir faim | avoir soif | avoir sommeil | faire mal | faire mal |

## Le ressenti et le goût

- Le verbe 觉得 **juéde** *trouver que*, exprime le ressenti. La conjonction « que » ne se traduit pas :

我觉得屋里有点热。
**Wǒ juéde wū lǐ yǒudiǎn rè.**
*Je trouve qu'il fait un peu chaud dans la pièce.*

- Ainsi exprime-t-on aussi ses goûts :

我觉得当代艺术很有意思。
**Wǒ juéde dāngdài yìshù hěn yǒu yìsi.**
*Je trouve l'art contemporain très intéressant.*

# SENSATION, IMPRESSION, AVIS ET SENTIMENT

### 3 Que diriez-vous ?

| 杂技 | zájì | cirque |
|---|---|---|
| 节目 | jiémù | numéro de spectacle |
| 美 | měi | beau |

| 房间 | fángjiān | pièce, chambre |
|---|---|---|
| 头疼 | tóu téng | avoir mal à la tête |
| 这次旅游 | zhè cì lǚyóu | ce voyage (touristique) |

1. Les touristes sont tous très contents de leur visite, mais ils ont juste un peu faim.
2. Vous avez trouvé ce numéro de cirque très beau.
3. Vous trouvez qu'il fait un peu chaud dans votre chambre d'hôtel.
4. Vous avez la migraine, mais vous dites à votre guide que vous avez un peu mal à la tête.
5. Vous trouvez votre voyage très intéressant.

### 4 Opposez les avis :

| kànfǎ | avis, opinion |
|---|---|
| wèntí | problème, question |
| liàng | (classificateur) |
| qíshí | en fait, en réalité |
| nàme | tellement, autant |

| yánzhòng | grave |
|---|---|
| jǐnzhāng | tendu, stressé |
| ānpái | organiser, programme |
| mǎmahūhū | bof, moyen |
| bù hǎo yìsi | être gêné |

别人的看法
**Biérén de kànfǎ**
*L'avis des autres :*

我自己的看法
**Wǒ zìjǐ [dzeu-dyi] de kànfǎ**
*Mon avis propre :*

1. 妈妈觉得太贵了！
   **Māma juéde tài guì le !**

2. 他说这辆车真漂亮！
   **Tā shuō zhè liàng chē zhēn piàoliang.**

3. 他觉得问题很严重。
   **Tā juéde wèntí hěn yánzhòng.**

4. 她这样说，你很高兴。
   **Tā zhèyàng shuō, nǐ hěn gāoxìng.**

5. 大家都觉得安排得很好。
   **Dàjiā dōu juéde ānpái-de hěn hǎo.**

A. 我说问题不大。
   **Wǒ shuō wèntí bú dà**

B. 其实不一定那么贵。
   **Qíshí bù yídìng nàme guì.**

C. 我觉得安排得太紧张。
   **Wǒ juéde ānpái-de tài jǐnzhāng.**

D. 我觉得马马虎虎。
   **Wǒ juéde mǎmahūhū.**

E. 我听他说觉得很不好意思。
   **Wǒ tīng tā shuō juéde hěn bù hǎo yìsi.**

# SENSATION, IMPRESSION, AVIS ET SENTIMENT

## Verbes d'opinion

Voici trois verbes introducteurs pour exprimer son avis :

| 我想 | 我看 | 我认为 |
|---|---|---|
| Wǒ xiǎng… | Wǒ kàn… | Wǒ rènwei… |
| Je pense que, je crois que… | À mon avis, … | Je considère que… |

**5** Imitez ce modèle pour exprimer quelques opinions :

| Sujet : | Verbe d'opinion : | Ce dont on parle : | Ce que l'on en pense : |
|---|---|---|---|
| 我 | 想 /看/认为 | 中文 | 很有用。 |
| Wǒ | xiǎng/kàn/rènwei | zhōngwén | hen yǒu yòng. |
| Je | pense que | le chinois | est utile. |

这个人
**zhè ge rén**
cette personne

圣诞节
**shèngdànjié**
la fête de Noël

我男朋友
**wǒ nán péngyou**
mon copain

我女朋友
**wǒ nǚ péngyou**
ma copine

中国
**Zhōngguó**
la Chine

On ajoute 很 **hen** ou **hěn** selon l'insistance.

很懒
**hěn lǎn**
très paresseux

很聪明
**hěn cōngming**
très doué

还可以
**hái kěyi**
ça peut aller

有点怪
**yǒudiǎn guài**
un peu bizarre

很远
**hěn yuǎn**
très loin

有问题
**yǒu wèntí**
problématique

很好玩
**hěn hǎowán**
très amusant

很有意思
**hěn yǒu yìsi**
très intéressant

很不一样
**hěn bù yíyàng**
très différent

很好
**hěn hǎo**
très bien

马马虎虎
**mǎmahūhū**
comme-ci comme ça

## SENSATION, IMPRESSION, AVIS ET SENTIMENT

 **Associez questions et réponses :**

| érzi | fils | gòu | suffisant |
|---|---|---|---|
| lǐwù | cadeau | zuìjìn | ces temps-ci |
| néngyuán | source d'énergie | jìnkǒu | importer |

1. 你的儿子会不会来？
   Nǐ de érzi huì-bu-huì lái ?

2. 能源够不够用 ？
   Néngyuán gòu-bu-gòu yòng ?

3. 法国圣诞节怎么样？
   Fǎguó shèngdànjié zěnmeyàng ?

4. 你爸爸身体好吗？
   Nǐ bàba shēntǐ hǎo ma ?

5. 你觉得中文难学吗？
   Nǐ juéde zhōngwén nán xué ma ?

A. 我觉得很好玩，很多礼物！
   Wǒ juéde hěn hǎowán, hěn duō lǐwù !

B. 我觉得……还可以。
   Wǒ juéde… hái kěyi.

C. 我认为将来还要进口。
   Wǒ rènwei jiānglai hái yào jìnkǒu.

D. 我看他今天没空。
   Wǒ kàn tā jīntiān méi kòng.

E. 我想他最近不舒服。
   Wǒ xiǎng tā zuìjìn bù shūfu.

 **Trouvez les signes identiques, puis transcrivez :**

### Monosyllabes

| 重 | 近 | 玩 | 高 | 能 |
|---|---|---|---|---|
| 1. ............ | 2. ............ | 3. ............ | 4. ............ | 5. ............ |
| lourd | proche, près | jouer | haut | pouvoir, puissance |

### Mots de deux syllabes :

| 最近 | 好玩 | 能源 | 严重 | 高兴 |
|---|---|---|---|---|
| **zuìjìn** | **hǎowán** | **néngyuán** | **yánzhòng** | **gāoxìng** |
| récemment | amusant | source d'énergie | grave, sérieux | heureux, content |

Pour entrer dans la logique des mots chinois, je cherche le lien entre les signes, les syllabes et le sens. Comme vous, je nage un peu dans la « Mer des mots »… titre d'un fameux dictionnaire !

## SENSATION, IMPRESSION, AVIS ET SENTIMENT

**8** Même exercice :

### Monosyllabes

| 病 | 问 | 用 | 美 | 看 |
|---|---|---|---|---|
| 1. ........ | 2. ........ | 3. ........ | 4. ........ | 5. ........ |
| *maladie* | *demander* | *utiliser* | *beau* | *regarder* |

### Mots de deux syllabes :

| 健美 | 问题 | 看病 | 看法 | 有用 |
|---|---|---|---|---|
| **ànměi** | **wèntí** | **kàn bìng** | **kànfǎ** | **yǒuyòng** |
| *fitness* | *question, problème* | *consulter un médecin* | *opinion, vision* | *utile* |

### Donner son impression et rapporter une information

Les impressions exprimées par les verbes *sembler*, *paraître*, *avoir l'impression que*, *on dirait que*, *entendre dire que*, etc. se traduisent par :

| 好像 | 看来 | 听说 |
|---|---|---|
| **hǎoxiàng** | **kàn-lái** | **tīng shuō** |
| *Je pense que, je crois que…* | *(regarder-venir) avoir l'air* | *(écouter dire) entendre dire que* |

**9** Complétez le pinyin :

1. 司机_____不会开车！ | *On dirait que le chauffeur ne sait pas conduire !*
   Sījī ................. bú huì kāi chē.

2. 你_____很累，快去休息吧。 | *Tu as l'air fatigué, va vite te reposer.*
   Nǐ ................. hěn lèi, kuài qù xiūxi ba.

3. 谁的车？_____是安妮的。 | *À qui est la voiture ? On dirait celle d'Annie.*
   Shéi de chē ? ................. shì Ān Ní de.

## SENSATION, IMPRESSION, AVIS ET SENTIMENT

4. _____ 女儿真的长大了。
   .................... nǚ'ér zhēnde zhǎng-dà le. | *Ma fille semble avoir vraiment grandi.*

5. _____ 工作条件不错。
   .................... zhèli de gōngzuò tiáojiàn bú cuò. | *On dit que les conditions de travail sont pas mal ici.*

**10** Associez selon la logique des sentiments :

| nénggòu | pouvoir |
| xīwàng | espérer |
| kěxī | dommage (que) |
| hǎozài | heureusement (que) |
| zhǎo-dào | trouver (qqch.) |

| kǒngpà | craindre que |
| chá | consulter |
| dài | porter sur soi |
| jǐn kuài | au plus vite |
| ānquán | sûr, sécurité |

1. 天气不好，太
   **Tiānqì bù hǎo, tài**

2. 希望你尽快
   **Xīwàng nǐ jǐnkuài**

3. 我希望能够去
   **Wǒ xīwàng nénggòu qù**

4. 好在带了手机，可以
   **Hǎozài dài-le shǒujī, kěyi**

5. 你一个人
   **Nǐ yí ge rén**

A. 找到工作。
   zhǎo-dào gōngzuò.

B. 中国。
   Zhōngguó.

C. 可惜了！
   kěxī le !

D. 去恐怕不太安全吧。
   qù kǒngpà bú tài ānquán ba.

E. 上网查查。
   shàng wǎng chá-cha.

Bravo, vous êtes venu à bout du chapitre 16 ! Il est maintenant temps de comptabiliser les icônes et de reporter le résultat en page 128 pour l'évaluation finale.

# Groupe nominal

## Déterminant et déterminé

Le déterminant précède toujours le déterminé en chinois, dans un groupe nominal aussi. La particule 的 de n'a pas de sens en soi mais une fonction importante, celle de relier le déterminant au nom déterminé :

{déterminant + 的 de + nom déterminé}

**1** Trouvez l'intrus :

1. 我的电脑
   **wǒ de diànnǎo**
2. 我们公司的网站
   **wǒmen gōngsī de wǎngzhàn**
3. 你妈妈
   **nǐ māma**
4. 李明的哥哥
   **Lǐ Míng de gēge**
5. 这是谁的书包？
   **Zhè shì shéi de shūbāo ?**

## Parenté et intimité

En principe, 的 de est omis pour désigner les proches (parenté, amitié, intimité) du locuteur. Comparez :

我爸妈
**wǒ bàmā**
*mes parents*

我们家
**wǒmen jiā**
*notre famille*

我的自行车
**wǒ de zìxíngchē**
*mon vélo*

## GROUPE NOMINAL

**2** Suivez le modèle pour présenter une photo de votre entourage :

| Locatif | être | mon, ma, mes | (parent ou ami) |
|---|---|---|---|
| 中间<br>**Zhōngjiān**<br>*Au milieu,* | 是<br>**shì**<br>*c'est* | 我<br>**wǒ**<br>*ma* | 妹妹。<br>**mèimei**<br>*petite sœur.* |

| | | | | | | |
|---|---|---|---|---|---|---|
| 这里 | **zhèli** | ici | | 弟弟 | **dìdi** | petit frère |
| 左边 | **zuǒbian** | à gauche | | 姐姐 | **jiějie** | sœur aînée |
| 右边 | **yòubian** | à droite | | 祖父母 | **zǔfùmǔ** | grands-parents |
| 前边 | **qiánbian** | devant | | 男朋友 | **nán péngyou** | ami, compagnon |
| 后边 | **hòubian** | derrière | | 女朋友 | **nǚ péngyou** | amie, compagne |
| 旁边 | **pángbian** | à côté | | 老朋友 | **lǎo péngyou** | vieil(le) ami(e) |
| 爱人 | **àirén** | mari, femme | | 新朋友 | **xīn péngyou** | nouvel(le) ami(e) |
| 父母 | **fùmǔ** | parents |
| 儿子 | **érzi** | fils |
| 女儿 | **nǚ'ér** | fille |
| 哥哥 | **gēge** | frère aîné |

Les termes de parenté sont incroyablement précis… Moi, je simplifie. Quand je dis 我哥哥的爱人 **wǒ gēge de àirén**, *la femme de mon frère aîné*, les gens me donnent tout de suite le terme exact : 嫂子 **sǎozi**. En voyage, j'emporte toujours une photo de famille ! Et vous ?

**3** Observez, puis déduisez la traduction des mots à droite :

一匹黑马
**yì pǐ hēi mǎ**
*un cheval noir*

un cheval blanc

1. ...................................

一只小狗
**yì zhī xiǎo gǒu**
*un petit chien*

un gros chien

2. ...................................

这座楼
**zhè zuò lóu**
*cet immeuble*

ce grand immeuble

3. ...................................

Remarquez l'ordre déterminant-déterminé à l'intérieur des mots.

GROUPE NOMINAL

中学
**zhōngxué**
*école secondaire*
(moyen école)

词典
**cídiǎn**
*dictionnaire*
(mot registre)

*école primaire*

4. ..................................................

*dictionnaire de chinois*

5. ..................................................

**4** Même exercice :

房间号
**fángjiānhào**
(pièce-numéro)
*numéro de chambre*

鸡肉
**jīròu**
(poulet chair)
*du poulet*

上海话
**shànghǎihuà**
(Shanghai parole)
*le shanghaïen*

平板电脑
**píngbǎn diànnǎo**
(plat ordinateur)
*tablette numérique*

一个节日
**yí ge jiérì**
*un jour de fête*

*numéro de téléphone*

1. ..................................................

*du bœuf*

2. ..................................................

*le pékinois*

3. ..................................................

*ordinateur*

4. ..................................................

*la fête du Printemps*

5. ..................................................

# GROUPE NOMINAL

## Groupe nominal court et long

La particule 的 de est omise dans les combinaisons nominales usuelles ou brèves. Elle est généralement présente quand le groupe nominal se complexifie. Comparez :

中国科技
**Zhōngguó kējì**
la technologie chinoise

中国大陆十年来的高科技
**Zhōngguó dàlù shí nián lái de gāo kējì**
la haute technologie de Chine continentale depuis dix ans

**5** Observez le premier tableau, puis associez au second :

| possessif | démonstratif | numératif | classificateur | adjectif ou nom | de | (adjectif) + nom déterminé |
|---|---|---|---|---|---|---|
| 1. nǐ | zhè | liǎng | ge | Shànghǎi | de | lǎo péngyou |
| 2. | zhè | sān | zhǒng | bù tóng | de | shuǐguǒ |
| 3. | zhè | | xiē | méi yòng | de | wányìr |
| 4. nǐmen | zhè | | jiā | gōngsī | de | guǎnggào |
| 5. | zhè | | shuāng | píxié | de | jiàgé |

| | |
|---|---|
| A. ces trois fruits différents | 这三种不同的水果 |
| B. la publicité de votre société | 你们这家公司的广告 |
| C. le prix de cette paire de chaussures en cuir | 这双皮鞋的价格 |
| D. tes deux vieux copains shanghaïens | 你这两个上海的老朋友 |
| E. ces gadgets inutiles | 这些没用的玩意儿 |

## Groupe nominal complexe

La particule 的 de est indispensable quand le déterminant inclut un verbe. Ce groupe nominal complexe peut se traduire par une proposition relative en français :

我去的地方
**wó qù de dìfang**
l'endroit où je vais,
là où je vais

你说的话
**nǐ shuō de huà**
les paroles que tu dis,
ce que tu dis

很有用的小工具
**hěn yǒu yòng de xiǎo gōngjù**
un petit outil très utile
(qui a beaucoup d'utilité)

GROUPE NOMINAL

## 6 Associez :

| shāngdiàn | magasin |
|---|---|
| cài | plat |
| rènshi | connaître |

| dǎ chē | prendre un taxi |
|---|---|
| yuǎn | loin |
| gòu | assez |

| màn | lent |
|---|---|
| hǎochī | bon (à manger) |
| yìsi | sens |

1. 我去的商店不远，
   Wǒ qù de shāngdiàn bù yuǎn,

2. 你说的话
   Nǐ shuō de huà

3. 你喜欢看的电影
   Nǐ xǐhuān kàn de diànyǐng

4. 我认识的汉字还不够。
   Wǒ rènshi de hànzì hái bú gòu.

5. 我给你做的菜
   Wǒ gěi nǐ zuò de cài

A. 很有意思。
   hěn you yìsi.

B. 好吃吗？
   hǎochī ma ?

C. 不用打车。
   bú yòng dǎ chē.

D. 都是美国的。
   dōu shì Měiguó de.

E. 没关系，慢慢学也可以。
   Méi guānxi, màn-man xué yě kěyi.

## Nom sous-entendu

Le nom déterminé après 的 **de** est sous-entendu quand on sait de quoi on parle :

你买一个红的，我买一个蓝的，好吗？
Nǐ mǎi yí ge hóng de, wó mǎi yí ge lán de, hǎo ma ?
*Tu en achètes un rouge et moi un bleu, d'accord ?*

## 7 Quel est le nom sous-entendu après 的 de ?

| bāo | sac |
|---|---|
| niánjí | année d'études |
| yì zhī bǐ | un stylo, crayon |
| App | application |
| gōngsī | entreprise, société |
| kǒuyīn | accent |
| Hénán | (province) |
| lǜsè | de couleur verte |
| jiè | prêter |
| diū | perdre |
| yòu | à nouveau |

1. 我的包不是绿色的。
   Wǒ de bāo bú shì lǜsè de.

2. 他是一年级的，我是二年级的。
   Tā shì yī niánjí de, wǒ shì èr niánjí de.

3. 请借我一支笔，我的又丢了。
   Qǐng jiè wǒ yì zhī bǐ, wǒ de yòu diū le.

4. 这个App 是哪个公司的？
   Zhè ge App shì nǎ ge gōngsī de ?

5. 不是北京的口音，是河南的。
   Bú shì Běijīng de kǒuyīn, shì Hénán de.

## GROUPE NOMINAL

### Adjectifs nominalisés

En position d'attribut, certains adjectifs sont nominalisés par la structure {是 shì... 的 de}. Un verbe peut également être encadré de cette manière. Exemples :

这些家具都是新的。
**Zhè xiē jiājù dōu shì xīn de.**
*Tous ces meubles sont neufs.*

这里的果汁都是现做的。
**Zhèli de guǒzhī dōu shì xiànzuò de.**
*Ici, les jus de fruit sont faits sur place à la demande.*

**8 Cherchez l'ordre des mots :**

灰色 / 这条 / 牛仔裤 / 是 / 的 / 。
**huīsè / zhè tiáo / niúzǎikù / shì / de / .** | *Ce jeans est gris.*
1. ....................................................................

真 / 是 / 的 / 这 / ，/ 不 / 的 / 假 / 是 / 。
**zhēn / shì / de / zhè / , / bú / de / jiǎ / shì / .** | *C'est véritable, ce n'est pas du toc.*
2. ....................................................................

谁 / 是 / 说 / 的 / 那 / ?
**shéi / shì / shuō / de / nà / ?** | *Qui a dit cela ?*
3. ....................................................................

的 / 面包 / 这 / 是 / 吗 / 甜 / 种 / ?
**de / miànbāo / zhè / shì / ma / tián / zhǒng / ?** | *Il est sucré ce pain ?*
4. ....................................................................

圆 / 说 / 是 / 的 / 古人 / 天 / ，/ 方 / 是 / 地 / 的 / 。
**yuán / shuō / shì / de / gǔrén / tiān / , / fāng / shì / dì / de.** | *Les anciens disaient que le ciel était rond et la terre carrée.*
5. ....................................................................

Certains adjectifs de sens absolu (couleur, forme, véracité, etc.) ne peuvent pas être intensifiés par 很 **hěn**, *très*. Ils sont nominalisés par 的 **de** en fin de phrase.

# GROUPE NOMINAL

## Trois emplois de {是 shì... 的 de}

- **Appartenance :**
这是我的。
**Zhè shì wǒ de.**
*C'est le mien.*

- **Encadrer un groupe verbal :**
桌子是用什么做的？
**Zhuōzi shì yòng shénme zuò de ?**
*En quoi est (faite) la table ?*

- **Mettre en valeur un adjectif :**
蔬菜是很新鲜的。
**Shūcài shì hěn xīnxiān de.**
*Les légumes sont très frais.*

**9** Déchiffrez puis classez par emploi :

| jiǎnlì | C.V. |
| zhàopiàn | photo |
| yánsè | couleur |
| shǒuxiě | écrire à la main |
| zhuānyè | filière de formation |
| xuǎnzé | choix, choisir |
| shíxísheng | stagiaire |
| nénggàn | compétent |

1. 这个简历是您的吗？
   **Zhè ge jiǎnlì shi nín de ma ?**

2. 照片是黑白的还是颜色的？
   **Zhàopiàn shì hēi bái de háishi yánsè de ?**

3. 是你手写的吗？
   **Shì nǐ shǒuxiě de ma ?**

4. 你这个专业是很有用的。
   **Nǐ zhè ge zhuānyè shì hěn yǒu yòng de.**

5. 你的选择是对的。
   **Nǐ de xuǎnzé shì duì de.**

6. 我们的实习生是很能干的。
   **Wǒmen de shíxísheng shì hěn nénggàn de.**

## Mettre en valeur une circonstance

- {是 shi...的 de} met en valeur un paramètre de l'action (temps, moyen, lieu, etc.). Le verbe 是 shì peut être omis. Par exemple :

我是昨天去的。
**Wǒ shi zuótiān qù de.**
*C'est hier que j'y suis allé.*

你们是怎么来的？
**Nǐmen shi zěnme lái de ?**
*Comment êtes-vous venus ?*

你哪儿学的中文？
**Nǐ nǎr xué de zhōngwén ?**
*Où as-tu appris le chinois ?*

- Comparez :

我明天到。
**Wǒ míngtiān dào.**
*J'arriverai demain.*

我是昨天到的。
**Wǒ shì zuótiān dào de.**
*Je suis arrivée hier.*

## GROUPE NOMINAL

 Répondez sans changer l'ordre des mots de la question :

| chūshēng | naître |
|---|---|
| rènshi | se connaître |
| kāishǐ | commencer |
| fāshāo | avoir de la fièvre |

| nǎ yī nián ? | en quelle année ? |
|---|---|
| cóng | à partir de, depuis |
| suì | an (d'âge) |
| hànzì | caractères chinois |

你是哪一年出生的？
**Nǐ shi nǎ yī nián chūshēng de ?**
1. ...........................................................................

你们是什么时候认识的？
**Nǐmen shi shénme shíhou rènshi de ?**
2. ...........................................................................

李明是几岁开始学汉字的？
**Lǐ Míng shi jǐ suì kāishǐ xué hànzì de ?**
3. ...........................................................................

你从什么时候开始发烧的？
**Nǐ cóng shénme shíhou kāishǐ fāshāo de ?**
4. ...........................................................................

Bravo à vous ! Et si vous peinez encore un peu,
souvenez-vous de la devise :
欲速不达 **Yù sù bù dá**
(désirer vitesse pas atteindre)
*Rien ne sert de courir, car on n'arrive nulle part !*

Bravo, vous êtes venu à bout du chapitre 17 ! Il est maintenant temps de comptabiliser les icônes et de reporter le résultat en page 128 pour l'évaluation finale.

# SOLUTIONS

## 1. C'est du chinois !

❶ 1. le chiffre un ; 2. force ; 3. tu, toi ; 4. cheval ; 5. je, moi.

❷ 1. 马 mǎ cheval ; 2. 力 lì force ; 3. 一 yī un ; 4. 你 nǐ tu, toi, ton ; 5. 我 wǒ je, moi, mon.

❸ 1. ta mère ; 2. ton père ; 3. le premier ; 4. mon secret ; 5. mon code.

❹ 1. Paris ; 2. mes parents ; 3. mon petit frère ; 4. C'est difficile ? 5. Annie.

❺ 1. 你好。Nǐ hǎo. 2. 马力, 你好。Mǎ Lì, nǐ hǎo. 3. 你好吗？Nǐ hǎo ma ? 4. 很好。Hěn hǎo. 5. 你呢？Nǐ ne ?

❻ 1. 王一文，你好。Wáng Yīwén, nǐ hǎo. 2. 你好吗？Nǐ hǎo ma ? 3. 你弟弟好吗？Nǐ dìdi hǎo ma ? 4. 难吗？Nán ma ? 5. 很难。Hěn nán !

❼ 1. 马力到了吗？Mǎ Lì dào le ma ? 2. 马力, 你好吗？Mǎ Lì, nǐ hǎo ma ? 3. 法文难吗？Fǎwén nán ma ? 4. 比英文难吗？Bǐ yīngwén nán ma ? 5. 要学吗？(Nǐ) Yào xué ma ?

❽ 1. 马mǎ力lì, 你nǐ好hǎo. 4 signes = 4 syllabes ; 2. 王wáng 一yī文wén, 你nǐ好hǎo吗ma ? 6 signes = 6 syllabes ; 3. 很hěn好hǎo, 你nǐ呢ne ? 4 signes = 4 syllabes ; 4. 我wó到dào巴bā黎lí了 le ! 5 signes = 5 syllabes ; 5. 你nǐ要yào学xué法fǎ文wén吗ma ? 6 signes = 6 syllabes.

❾ 1. wǒ mā ; 2. Ān Ní ; 3. Bālí ; 4. dì yī ; 5. tā.

❿ 1. wǒ ; 2. nǐ ; 3. hǎo ; 4. mǎ ; 5. fǎwén.

## 2. Traduire ou ne pas traduire le verbe « être » ?

❶ 1. 你好。你是……？Nǐ hǎo. Nǐ shì...? 2. 我是安妮。Wǒ shì Ān Ní. 3. 他是谁？Tā shì shéi ? 4. 是我的老师。Shì wǒ de lǎoshī. 5. 他姓王。Tā xìng Wáng.

❷ Le i est sonore dans les syllabes ní ; shéi ; xìng. Le i est neutralisé dans shì et lǎoshī.

❸ 1. Nǐ shì shéi ? ; 2. Nǐ shì Ān Ní ma ? ; 3. Nǐ de lǎoshī shì shéi ? ; 4. Shì Lǐ lǎoshī ma ? ; 5. Shì tā ma ?

❹ 1. 你 nǐ = toi, tu / 他 tā = il, lui ;
2. 是 shì = être / 师 shī = maître ;
3. 马 mǎ = cheval / 吗 ma = (particule interrogative) ;
4. 好 hǎo = bon, bien / 老 lǎo vieux ;
5. 他 tā = il, lui / 她 tā = elle.

❺ • On souffle après la consonne initiale dans les mots : 课 kè [k'e] ; 很 hěn [h'enn] ; 喝 hē [h'e] ; 怕 pà [p'a] ; 汤 tāng [t'ang]. C'est pourquoi la prononciation entre crochet [ ' ] comporte une apostrophe.

• On ne souffle pas du tout après les consonnes b, d, g, par exemple dans 第 dì (marque du nombre ordinal) ; 不 bù [bou] ne pas ; 关系 guānxi relation, rapport.

• On ne souffle pas non plus après l, m, n. Attention de ne pas souffler sur 爱 ài aimer.

❻ 好 hǎo être gentil, gentille, et 好看 hǎokàn être beau, belle (à regarder) ; 老 lǎo être âgé, âgée ; 可爱 kě'ài être adorable, mignon, mignonne ; 贵 guì [goué] être cher, onéreux ; 难 nán être difficile.

❼ Réponses polies : 2, 3 ; Réponses impolies : 1, 4.

❽ Par exemple : 1. 弟弟 dìdi petit frère, 第一 dì yī le premier, la première ; 2. 秘密 mìmì secret, 密码 mìmǎ code ; 3. 爸爸 bàba père, 爸妈 bàmā parents ; 4. 怕冷 pà lěng [leung] craindre le froid ; 5. 可爱 kě'ài adorable ; 6. 不难 bù nán pas difficile ; 7. 很贵 hěn guì [h'enn goué] très cher ; 8. 第一课 dì yī kè la première leçon ; 9. 好看 hǎokàn beau, belle ; 10. 是我。Shí wǒ. C'est moi.

❾ 1. Zhè shì zhōngwén ma ? Shì. 2. Zhè wèi shì Wáng Yīwén. 3. Fāng Kè shì nǐ de fǎwén lǎoshī ma ? 4. Zhè shì Shànghǎi ma ? 5. Zhè shì wǒ bàma, nà shì wǒ mèimei.

❿ 1. 很多很多！Hěn duō hěn duō ! Ils sont très très nombreux (les Chinois) ! 2. 哼，是。Heng, shì. Euh, oui (je suis chinois). 3. 不难。Bù nán. Non, ce n'est pas difficile (le chinois). 4. 不冷。Bù lěng. Non, je n'ai pas froid. 5. 爱喝！你呢？Ài hē ! Nǐ ne ? Oui, j'aime (boire du lait) ! Et toi ?

## 3. Compter et chanter

❶ 2016 年 èr líng yī liù nián [nienn] ; 2017 年 èr líng yī qī nián ; 2022 年 èr líng èr èr nián ; 2034 年 èr líng sān sì nián.

❷ 8:00 Bā diǎn le ; 9:12 Jiǔ diǎn shí èr fēn le ; 10:00 Shí diǎn le ; 11:00 Shí yī diǎn le ; 15:16 Sān diǎn shí liù fēn le.

❸ 1D ; 2E ; 3A ; 4F ; 5B ; 6C.

❹ 1. dì yī kè la première leçon ; 2. dì èr kè la deuxième leçon ; 3. dì sān kè la troisième leçon ; 4. dì sì kè la quatrième leçon ; 5. dì wǔ kè la cinquième leçon ; 6. dì liù kè la sixième leçon ; 7. dì yī nián la première année ; 8. dì èr nián la deuxième année ; 9. dì sān diǎn le troisième point ; 10. dì sì diǎn le quatrième point.

❺ 1. Je prends un café à onze heures. 2. À midi, j'ai très faim. 3. Je mange à 13h.

❻ 1. 我 wǒ est l'élément graphique commun ; 2. Le petit carré à gauche représentant une bouche 口 kǒu [k'o-ou] ; 3. 马 mǎ est l'élément graphique commun et un indice de son ; 4. 饣 est l'élément graphique commun indiquant un lien sémantique à la nourriture 5. 文 wén est l'élément graphique commun ; 6. 亻 est l'élément graphique commun figurant un humain debout ; 7. 也 est l'élément graphique commun ; 8. 口 kǒu [k'o-ou] est l'élément graphique commun.

❼ 1. Le bas est pareil, mais 弟 dì a deux points en haut tandis que 第 dì a la clé du bambou ; 2. La partie droite est pareille, mais 难 nán a une main à gauche tandis que 谁 shéi a la clé de la parole ; 3. En haut à gauche, les traits se croisent dans 九, mais ne se croisent pas dans 几. 4. L'élément 文 est identique, mais 这 a la clé de la marche.

❽ 1. 上午 shàngwǔ [shang-wou] matin, matinée (littéralement : soleil montant + période) ; 中午 zhōngwǔ [djong-wou] midi, milieu de journée (milieu + période) ; 午 wǔ [wou]

# SOLUTIONS

est le signe commun aux deux mots. **2.** 中午 **zhōngwǔ** *milieu de journée, midi* ; 中国 **Zhōngguó** [djong-gou'o] *la Chine* ; le signe 中 **zhōng** *milieu, centre,* est commun aux deux mots. **3.** 中 **zhōng** *milieu* est mis pour Chine ; 法 **fǎ** est mis pour France ; 文 **wén** *signe, écriture,* est commun aux deux mots.

❾ • Sont quasiment symétriques les signes 八 **bā** *huit,* 十 **shí** *dix,* 一 **yī** *un,* 六 **liù** *six,* 王 **wáng** *roi.*

• Sont dissymétriques les signes 是 **shì** *être,* 点 **diǎn** *point,* 年 **nián** *année,* 国 **guo** *pays,* 不 **bù** *ne pas.*

❿ 1er ton : 鸡 **jī** *poulet* ;

2e ton : 蛇 **shé** *serpent,* 牛 **niú** *bœuf,* 羊 **yáng** *mouton* ;

3e ton : 马 **mǎ** *cheval* ;

4e ton : 象 **xiàng** *éléphant,* 鹿 **lù** *cerf.*

⓫ 1er ton : 一 **yī** *un,* 三 **sān** *trois,* 七 **qī** *sept,* 八 **bā** *huit,* 山 **shān** *montagne,* 松 **sōng** *pin, sapin* ;

2e ton : 十 **shí** *dix* ;

3e ton : 五 **wǔ** *cinq,* 九 **jiǔ** *neuf,* 我 **wǒ** *je,* 鼠 **shǔ** *rongeur, rat,* 数 **shǔ** *compter,* 打 **dǎ** *battre, abattre,* 有 **yǒu** *avoir,* 几 **jǐ** *combien,* 小 **xiǎo** *petit* ;

4e ton : 二 **èr** *deux,* 四 **sì** *quatre,* 六 **liù** *six,* 上 **shàng** *monter,* 到 **dào** *arriver,* 让 **ràng** *laisser.*

## 4. Traduire le verbe « avoir »

❶ 1. 有。**Yǒu** ; 2. 没有。**Méi yǒu** ; 3. 是。**Shì** ; 4. 不是。**Bú shì** (Attention au 2e ton montant de la négation **bù** devant un 4e ton).

❷ 1. 贵。**Guì.** *Oui (c'est cher)* ; 2. 不贵。**Bú guì.** *Non (ce n'est pas cher)* ; 3. 冷。**Lěng.** *Oui (j'ai froid)* ; 4. 不冷。**Bù lěng.** *Non.* ; 5. 懂。**Dǒng.** *Oui (je comprends)* ; 6. 不懂。**Bù dǒng.** *Non.*

❸ 1D. J'ai très soif, tu as de l'eau ? – Oui, de l'eau froide. 2A. Tu es fatigué ? – Un peu, et toi ? 3C. Qu'est-ce que tu manges ? – Du poisson. 4E. Je l'aime. – Mais elle ne t'aime pas… 5B. Je t'attendrai à midi pile, d'accord ? – D'accord.

❹ 1. 说 **shuō** [shou'o] *dire* ; 2. 国 **guó** [gou'o] *pays* dans 中国人 **Zhōngguórén** [djong-gou'o-jenn] ; 3. 多 **duō** [dou'o] *beaucoup, nombreux* ; 4. 有 **yǒu** [yo'ou] *avoir, il y a* ; 5. 对 **duì** [doué] *exact, c'est juste* ; 6. 太 **tài** [t'aï] *trop* ; 7. 没 **méi** [meï] négation du verbe **yǒu** *avoir.*

❺ 1. 有厕所吗？**Yǒu cèsuǒ** [tse-sou'o] **ma ?** 2. 这位是德国朋友。**Zhè wèi shì Déguó péngyou.** 3. 李明，你说什么？**Lǐ Míng, nǐ shuō shénme ?** 4. 对吗？对。**Duì ma ? – Duì.** 5. 欧洲人多吗？**Ōuzhōurén** [o'ou-djo'ou-jenn] **duō ma ?** 6. 中国人爱高楼吗？**Zhōngguórén ài gāo lóu ma ?**

❻ 1. **Jiǎ : Nǐ míngtiān wǎnshang yǒu kòng ma ?** *Jia : Tu es libre demain soir* ? 2. **Yǐ : Duì-bu-qǐ, méi yǒu kòng.** *Yi : Désolée, je ne suis pas libre.* 3. **Jiǎ : Méi guānxi.** *Jia : Tant pis.* 4. **Yǐ : Nǐ zhōumò yǒu shì ma ?** *Yi : Est-ce que tu fais quelque chose mercredi ?* 5. **Jiǎ : Méi yǒu, zhōusān wǎnshang bā diǎn kěyǐ.** *Jia : Non, c'est ok mercredi à 20h.* 6. **Yǐ : Hǎo, zhōusān jiàn.** *Yi : D'accord, on se voit mercredi.* 7. **Jiǎ :**

**Zhōusān jiàn.** *Jia : À mercredi.*

❼ Si vous avez trouvé, bravo ! Sinon, 没关系 **méi guānxi,** *tant pis* ! Voici le corrigé : **1F. Yǒu shuǐ ma ? 2D. Yǒu yú ma ? 3H. Nǐ yǒu kòng ma ? 4G. Yǒu wèntí ma ? 5C. Ān Ní yǒu zhōngguó péngyou ma ? 6B. Méi yǒu cèsuǒ ma ? 7A. Yǒu lǜchá ma ? ; 8E Yǒu shénme tāng ?**

❽ 1. **Jǐ diǎn le ?** 2. **Qī diǎn yī kè.** 3. **Xièxie.** 4. **Bú kèqi.** 5. **Yǒu rén hē kāfēi.**

❾ 四 **sì** [seu] *quatre* ; 是 **shì** [sheu] *être* ; 十 **shí** [sheu] *dix* ; 吃饭 **chī fàn** [tcheu fann] *manger (prendre repas).*

❿ 1. 没有。**Méi yǒu.** *Non (pas de problème).* 2. 不是。**Bú shì.** *Non (je ne suis pas Ma Li).* 3. 不累。**Bú lèi.** *Non (je ne suis pas fatigué).* 4. 不客气。**Bú kèqi.** *Je t'en prie (pas la peine de faire des politesses).* 5. 没关系。**Méi guānxi.** *Aucune importance (pas la peine de t'excuser).* 6. 不懂。**Bù dǒng.** *Non (je ne comprends pas).* 7. 没有空。**Méi yǒu kòng.** *Non (je ne suis pas libre).* 8. 不对。**Bú duì.** *Non (ce n'est pas exact).* 9. 我不怕。**Wǒ bú pà.** *Je n'ai pas peur.* 10. 不太难。**Bú tài nán.** *Non, ce n'est pas trop difficile.* 11. 不是。**Bú shì.** *Non, je ne suis pas allemande.* 12. 宝宝不喝茶！**Bǎobao bù hē chá !** *Non, le bébé ne boit pas de thé, voyons !*

## 5. Localiser : « Où es-tu ? »

❶ 1. 喂？马力？**Wéi ? Mǎ Lì ?** *Allô ? Ma Li ?* 2. 是我。你好。**Shì wǒ. Nǐ hǎo.** *Oui, c'est moi. Bonjour.* 3. 你在哪里？**Nǐ zài nǎli ?** *Où es-tu ?* 4. 我在家。**Wǒ zài jiā.** *Je suis à la maison.* 5. 你在家什么？**Nǐ zài jiā zuò shénme ?** *Et qu'est-ce que tu fais chez toi ?* 6. 工作。**Gōngzuò.** *Je travaille.* 7. 那你过来喝杯咖啡吧。**Nà nǐ guò-lái hē bēi kāfēi ba.** *Alors viens donc prendre un petit café…*

❷ 住 **zhù** [djou] *habiter* ; 在 **zài** [dzaï] *se trouver* ; 做 **zuò** [dzou'o] *s'asseoir* ; 找 **zhǎo** [djao] *chercher* ; 这里 **zhèli** [dje-li] *ici.*

❸ 1. 您找谁？**Nín zhǎo shéi ?** 2. 王大夫在吗？**Wáng dàifu zài ma ?** 3. 在。请坐。**Zài. Qǐng zuò** [tch'ing dzou'o].

❹ 1. 我/找 : le coin en haut à gauche et les traits horizontaux différent ; 2. 那/哪？: ajout d'une bouche à gauche dans l'interrogatif **nǎ** ; 3. 大/太 : le point les distingue ; 4. 你/您 : le pronom vous de politesse, **nín,** inclut **nǐ** avec l'ajout d'un cœur 心 en bas ; 5. 住/在 : les structures et les composants des deux signes n'ont aucun rapport ; 6. 大/夫 : le 1er signe se prononce **dà** ou **dài,** le 2e signe a un trait horizontal de plus. La combinaison, **dàifu** *Docteur,* est un terme poli pour s'adresser à un médecin.

❺ 1D ; 2E ; 3G ; 4A ; 5B ; 6H ; 7C ; 8F.

❻ 3. 请问，我在哪里？**Qǐng wèn, wǒ zài nǎli ?** 5. 谢谢。 **Xièxie** ; 8. 再见。**Zài jiàn.**

❼ 1. 您找谁？**Nín zhǎo shéi ?** *Qui cherchez-vous ?* 2. 王一文在吗？**Wáng Yīwén zài ma ?** *Est-ce que Wang Yiwen est là ?* 3. 你住在北京吗？**Nǐ zhù zài Běijīng ma ?** *Habites-tu à Pékin ?* 4. 你住在这里吗？**Nǐ zhù zài zhèli ma ?**

# SOLUTIONS

*Tu habites ici ?* 5. 请问您住在哪儿？ **Qǐng wèn nín zhù zài nǎr ?** *Pourriez-vous me dire où vous habitez ?* 6. 你知道吗？ **nǐ zhīdào ma ?** *Le sais-tu ?*

❽ 1. 你在北京吗？ **Nǐ zài Běijīng ma ?** 2. 你在哪里/哪儿？ **Nǐ zài nǎr/nǎli ?** 3. 你在家吗？ **Nǐ zài jiā ma ?** 4. 你在家做什么？ **Nǐ zài jiā zuò shénme ?** 5. 你有空吗？ **Nǐ yǒu kòng ma ?** 6. 你过来喝茶吧。 **Nǐ guò-lái hē chá ba.**

❾ 1. 您好。 **Nín hǎo.** 2. 请问 **Qǐng wèn**… 3. 我不知道我在哪儿。 **Wǒ bù zhīdào wǒ zài nǎr.** 4. 谢谢，再见。 **Xiéxie, zài jiàn.**

❿ 1. 你/您找什么？ **Nǐ/Nín zhǎo shénme ?** 2. 你/您找谁？ **Nǐ/Nín zhǎo shéi ?** 3. 你/您住在哪里？ **Nǐ/Nín zhù zài nǎli ?** 4. 你/您知道我住在哪儿吗？ **Nǐ/Nín zhīdào wǒ zhù zài nǎr ma ?**

## 6. « Où vas-tu ? »

❶ Par exemple : 我去药店，他去邮局。 **Wǒ qù yàodiàn, tā qù yóujú.** [wo t'chū yao-dienn, t'a t'chū yo<sup>l</sup>ou-ju] *Je vais à la pharmacie et elle va à la poste.*
我去超市，她去菜场。 **Wǒ qù chāoshì** [tchao-sheu]**, tā qù càichǎng** [tsaï-tchang]**.** *Je vais au supermarché et elle va au marché* (aux légumes).

❷ 1. 请 **qǐng** *s'il vous plaît/s'il te plaît* ; 2. 前边 **qiánbiān** *devant/plus loin* ; 3. 去 **qù** *aller à* ; 4. 一起 **yìqǐ** *ensemble*.

❸ 1. 我去拿东西。 **Wǒ qù ná dōngxi** ; 2. 你去买水果吧。 **Nǐ qù mǎi shuǐguǒ ba** ; 3. 他去喝茶。 **Tā qù hē chá** ; 4. 我们去买票。 **Wǒmen qù mǎi piào** ; 5. 谁去买地图？ **Shéi qù mǎi dìtú ?** ; 6. 我去工作。 **Wǒ qù gōngzuò.**

❹ 1B. *Où vas-tu faire tes courses ? – Au supermarché.* 2D. *Est-ce que tu vas au marché pour acheter les fruits ? – Oui.* 3A. *Qu'allez-vous faire à la librairie ? – Acheter un plan.* 4C. *Tu vas au parking pour quoi faire ? – Je vais prendre les affaires.*

❺ 1. 我去药店买一些药。 **Wǒ qù yàodiàn mǎi yìxiē yào** ; 2. **Wǒ qù shāngdiàn mǎi yìxiē píngguǒ** ; 3. 我去房间拿一些衣服。 **Wǒ qù fángjiān ná yìxiē yīfu** ; 4. 我去那边看看。 **Wǒ qù nàbian kàn-kan.**

❻ 1.馆 ; 2. 旅 ; 3. 果 ; 4. 药 ; 5. 店 ; 6. 场.
1. 馆 **guǎn** (= espace collectif construit) est commun à **lǚguǎn** *petit hôtel* ; **cháguǎn** *maison de thé* ; **fànguǎn** *restaurant* ;
2. 旅 **lǚ** (= voyage) est commun à **lǚxíng** *voyager* ; **lǚxíngshè** *agence de voyage* ; **lǚguǎn** *petit hôtel* ;
3. 果 **guǒ** *fruit* est commun à **shuǐguǒ** *fruits* ; **píngguǒ** *pomme* ; **guǒzhī** *jus de fruit* ;
4. 药 **yào** *remèdes* est commun à **yàodiàn** *pharmacie* ; **chī yào** *prendre des médicaments* ; **zhōngyào** *médicament chinois* ;
5. 店 **diàn** *boutique* est commun à **shāngdiàn** *magasin* ; **shūdiàn** *librairie* ; **yàodiàn** *pharmacie* ;
6. 场 **chǎng** (= surface et espace ouvert) est commun à **càichǎng** *marché* (de primeurs) ; **jīchǎng** *aéroport* ; **tíngchēchǎng** *parking*.

❼ Voici le sens premier de ces signes :
1. 场 **chǎng** (espace extérieur ouvert, anciennement une aire de battage pour les céréales) ; 2. 馆 **guǎn** (un espace construit et collectif) ; 3. 药 **yào** (médicament provenant d'une plante) ; 4. 果 **guǒ** (fruit, résultat) ; 5. 店 **diàn** (magasin, boutique) ; 6. 旅 **lǚ** (voyage).

❽ 1C. *Excusez-moi, où y a-t-il une pharmacie dans le coin ?* 2B. *Tu as envie d'aller en Chine ?* 3C. *À quelle heure allez-vous à l'aéroport ?* 4B. *Je vais manger chez des amis.* 5A. *Allons au marché ensemble, d'accord ?*

❾ 1. **Nǐ zài nǎ ge fàndiàn ?** 2. **Nǐ qù-le nǎr ?** 3. **Wǒ qǐng nǐ chī fàn** 4. **Nǐ zhù péngyou jiā ma ?** 5. **Zài fànguǎn jiàn ba** 6. **Wǒ jiā méi yǒu tíngchēchǎng, tíng chē hěn nán.**

❿ 1. 你住在朋友家吗？ **Nǐ zhù zài péngyou jiā ma ?** 2. 昨天你/你昨天去了哪儿？ **Zuótiān nǐ/Nǐ zuótiān qù-le nǎr ?** 3. 我想请你吃饭。 **Wǒ xiǎng qǐng nǐ chī fàn.** 4. 你住在哪个饭店？ **Nǐ zhù zài nǎ ge fàndiàn ?** 5. 我们在饭馆见吧。 **Wǒmen zài fànguǎn jiàn ba.** 6. 我今天在家吃饭。 **Wǒ jīntiān zài jiā chī fàn.** 7. 我明天/明天我去你家。 **Wǒ míngtiān/Míngtiān wǒ qù nǐ jiā.** 8. 我家附近有停车场，停车很方便。 **Wǒ jiā fùjìn yǒu tíngchēchǎng, tíng chē hěn fāngbiàn.**

## 7. Envie, volonté, intention

❶ Par exemple :
1. 我很想去上海看看，你呢？ **Wǒ hěn xiǎng qù Shànghǎi kàn-kan, nǐ ne ?** *J'ai très envie d'aller faire un tour à Shanghai (pour voir), et toi ?*
2. 她不太想住纽约。 **Tā bú tài xiǎng zhù Niǔ Yuē, nǐ ne ?** *Elle n'a pas trop envie d'habiter à New York, et toi ?*
3. 你想去北京，我也想去。 **Nǐ xiǎng qù Běijīng, wǒ yě xiǎng qù.** *Tu aimerais aller à Pékin et moi aussi.*

❷ 1. *Moi aussi, je voudrais apprendre quelques caractères chinois.* 2. *Et ta voiture ? Elle est cassée ?* 3. *Je ne suis jamais allé à Pékin.*

❸ 1. **Hǎo jiǔ bú jiàn** 2. **Nǐ hǎo ma ?** 3. **Wǒ hěn hǎo, kěshi hěn máng, nǐ ne ?** 4. **Wǒ yě hěn máng** 5. **Máng shénme ?** 6. **Xué zhōngwén** 7. **Shì ma ?** 8. **Shì de.** 9. **Wǒ de zhōngwén shū nǐ yào kàn ma ?** 10. **Yào kàn.**

❹ 1CDEF. [é] : 学 **xué** *étudier*, 也 **yě** *aussi*, 一些 **yìxiē** *quelques*, 纽约 **Niǔyuē** *New York* ; 2GH. [e] : 车 **chē** *voiture, véhicule*, 可是 **kěshi** *mais, cependant* ; 3AB. [enn] : 中文 **zhōngwén** *le chinois*, 很 **hěn** *très* ; 4K. [ann] : 看 **kàn** *regarder* ; 5I. [ang] : 忙 **máng** ; 6J. [iang] : 想 **xiǎng** ; 7K. [ienn] : 见 **jiàn**.

❺ 1. 甲：明天我们去哪里？ **Jiǎ : Míngtiān wǒmen qù nǎli ?** 2. 乙：你想去哪儿？ **Yǐ : Nǐ xiǎng qù nǎr ?** 3. 甲：我想去买东西。 **Jiǎ : Wǒ xiǎng qù mǎi dōngxi.** 4. 乙：你要买什么？ **Yǐ : Nǐ yào mǎi shénme ?** 5. 甲：我不知道。 **Jiǎ : Wǒ bù zhīdào.** 6. 乙：你不知道你要买什么？ **Yǐ : Nǐ bù zhīdào nǐ yào mǎi shénme ?** 7. 甲：知道，可是我没有钱。 **Jiǎ : Zhīdào, kěshi wǒ méi yǒu qián.**

# SOLUTIONS

**6** 1. 我们 **wǒmen** ; 2. 想去 **xiǎng qù** ; 3. 去 **qù** ; 4. 要 **yào** ; 5. 不 **bù** ; 6. 要 **yào** ; 7. 可是 **kěshi**.

**7** Série 1 : L'intrus est 有 **yǒu** [yo¹ou] *avoir*, car tous les autres ont une finale en [ao] ; les homophones sont 要 **yào** *vouloir* et 药 **yào** *médicament*.

Série 2 : L'intrus est 想 **xiǎng** [ssiang] *avoir envie de*, car tous les autres finissent en **ian** [ienn] ; les homophones sont 前 **qián** *devant, avant*, et 钱 **qián** *argent*.

**8** 1B. Annie veut apprendre le chinois. 2D. Le petit Li Ming compte bien aller en Chine avec ses parents pour voir sa famille. 3A. Wang Yiwen aimerait bien aider Annie à apprendre le chinois. 4C. Lin Xiaomei, une étudiante en art, voudrait apprendre le français pour aller en France plus tard.

**9** Par exemple : 我明年想回家. **Wǒ míngnián bù xiǎng huí jiā.** *Je n'ai pas envie de rentrer chez moi l'an prochain* ; 她现在就要发财. **Tā xiànzài jiù yào fā cái.** *Elle veut devenir riche tout de suite* ; 你将来要结婚吗？ **Nǐ jiānglái yào jié hūn ma ?** *Veux-tu te marier plus tard ?*

## 8. « Comment ?»

**1** 1. 天气怎么样？ **Tiānqì zěnmeyàng ?** *Comment est le temps* (météo) *?* 2. 你们怎么样？ **Nǐmen zěnmeyàng ?** *Comment allez-vous* (tous) *?* 3. 中文怎么样？ **Zhōngwén zěnmeyàng ?** *Comment tu trouves le chinois ?* 4. 你爸爸怎么样？ **Nǐ bàba zěnmeyàng ?** *Comment va ton père ?*

**2** Par exemple : 我觉得交通不太方便. **Wǒ juéde** [dyüé-de] **jiāotōng** [dyiao-t'ong] **bú tài fāngbiàn.** *Je trouve les transports pas très pratiques* ; 我觉得学法语有点难. **Wǒ juéde xué fǎyǔ** [ssüe fa-yü] **yǒudiǎn nán.** *Je trouve qu'apprendre le français est un peu difficile.*

**3** 1C ; 2B ; 3A.

**4** 1. 吃中餐怎么样？ **Chī zhōngcān zěnmeyàng ?** 2. 今天晚上出去玩怎么样？ **Jīntiān wǎnshang chū-qù wán zěnmeyàng ?** 3. 我帮助你学法语怎么样？ **Wǒ bāngzhù nǐ xué fǎyǔ zěnmeyàng ?** 4. 一起踢足球怎么样？ **Yìqǐ tī zúqiú zěnmeyàng ?**

**5** 1B. Comment se boit le whisky ? – Cul sec ! 2C. Ma Li est malade, que faire ? – Aller consulter/aller chez le médecin ; 3D. Comment y aller si tu n'as pas de voiture ? – À pied. ; 4A. Le docteur n'est pas là, comment faire ? – Allons aux urgences.

**6** 1. **Nǐ zhù zài nǎ ge fàndiàn ?** *Tu loges à quel hôtel ?* 2. **Huádū fàndiàn. Cóng fàndiàn dào Kǒng miào yuǎn ma ?** *À l'hôtel Huadu. De l'hôtel au temple de Confucius, c'est loin ?* 3. **Bù yuǎn, zǒu lù bú dào shí fēnzhōng.** *Ce n'est pas loin, à peine dix minutes à pied.* 4. **Wǒ xǐhuān zǒu lù.** *J'aime marcher.*

**7** 1. 请 **qǐng** [tch'ing] ; 怎么 **zěnme** ; 走 **zǒu** [dzo'ou] 2. 远 **yuǎn** [yüann] 3. 你 **nǐ** ; 喜欢 **xǐhuān** [ssi-h'ouann] ; 走路 **zǒu lù** 4. 对不起 **duì-bu-qǐ** [doué-bou-tch'i] ; 我 **wǒ** ; 懂 **dǒng** 5. 我 **wǒ** ; 你 **nǐ** ; 有 **yǒu**.

**8** Par exemple : 我打车去上班. **Wǒ dǎ chē qù shàng bān** ; *Je vais au travail en taxi.* 她坐火车回国. **Tā zuò huǒchē huí guó** ; *Elle prend le train pour rentrer dans son pays.* 她坐地铁去机场. **Tā zuò dìtiě qù jīchǎng** ; *Elle va à l'aéroport en métro.* 明天我要开车回家. **Míngtiān wǒ yào kāi chē huí jiā.** *Demain, je rentrerai chez moi avec ma voiture.*

**9** 1. 车 **chē** *véhicule* est commun à **qí chē** *rouler en deux-roues* et **dǔ chē** *être embouteillé* 2. 路 **lù** *route, rue*, est commun à **zǒu lù** *aller à pied* et **lù shàng** *sur la route, en chemin* 3. 机 **jī** *appareil* est commun à **fēijī** *avion* et **jīchǎng** *aéroport* 4. 地 **dì** *sol, terre*, est commun à **dìtiě** *métro* et **dìtú** *plan, carte*.

**10** 1A. J'aime conduire, et toi ? 2C. J'ai envie de rentrer chez moi à pied. 3B Wang Yiwen veut visiter la Chine à vélo. 4A. Est-ce pratique d'aller à la gare en taxi ? 5A. ou 5B. ou 5C ! Comment sais-tu qu'il y a des embouteillages sur le parcours, toi ?

## 9. Quantifier et classer : « Combien ? »

**1** 1C. Quelle heure est-il ? 2D. Tu vas (rester) combien de jours à Shanghai ? 3F. Quel âge a Li Ming ? 4E. Combien ça coûte ? 5B. Quel est ton numéro de téléphone portable ? 6A. Quelle est la population actuelle de la Chine ?

**2** 1. 个 **ge** *unité de, individu* ; 2. 位 **wèi** (classificateur de politesse pour les personnes) ; 3. 家 **jiā** *famille* (ce nom sert de classificateur ici) ; 4. 个 **ge** ; 5. 只 **zhī** (classificateur pour certains animaux) ; 6. 家 **jiā** (référence au commerce familial d'autrefois, mais aussi d'aujourd'hui).

**3** 1B. Combien êtes-vous dans la famille ? 2A. Il fait combien de degrés aujourd'hui ? 3B. Le serveur demande poliment : « S'il vous plaît, vous êtes combien ? » 4A. Je m'adresse amicalement à un enfant dont je ne connais pas le nom : « Quel âge as-tu ? ». 5A. C'est combien à la pièce ? 6B. Il est en Angleterre depuis combien d'années ?

**4** 1. **Wǒ jiā sān kǒu rén.** *Nous sommes trois dans la famille.* 2. **Shí èr dù.** *Douze degrés* ; 3. **Wǒ liù suì.** *J'ai six ans.* 4. **Sān ge rén.** *Trois personnes* ; 5. **Píngguǒ yí ge shí kuài qián.** *Les pommes, c'est dix yuans à l'unité.* 6. **Hěn duō nián le !** *Depuis des années !* (très nombreuses années à présent).

**5** 1. **yì bēi** *une tasse, un verre* ; 2. **yí ge** *un, une* (unité de) ; 3. **yì jiā rén** (une famille de gens) ; 4. **yí kuài** *un morceau, une pièce* ; 5. **yì fú** *un rouleau* ; 6. **yì běn** *un volume relié* ; 7. **yì zhī gǒu** *un chien*.

**6** 1. **Wǒ xiǎng mǎi hétáo.** *Je voudrais acheter des noix.* 2. **Nín yào mǎi nǎ yì zhǒng ?** *Quelle sorte* (de noix) *voulez-vous acheter ?* 3. **Zhè zhǒng.** *Cette sorte-là.* 4. **Nín mǎi duōshao ?** *Vous en voulez combien ?* 5. **Duōshao qián yì jīn ?** *C'est combien la livre ?* 6. **Sān shí kuài yì jīn.** *C'est 30 yuans le demi-kilo* 7. **Nà wǒ mǎi sān jīn.** *Alors je vais en prendre un kilo et demi.*

**7** 1E. Nous partons le sept, et toi ? 2D. Ce sera (un) samedi. 3A. On doit travailler le week-end aussi. 4B. Nous sommes le 1er octobre, c'est la Fête nationale. 5C. La date change chaque année (la date de chaque année n'est pas la même).

# SOLUTIONS

**8** 1. Quel jour serons-nous demain ? 2. Nous serons le lundi 3 juin. 3. Tu travailles le samedi ? 4. Je ne travaille pas le week-end. 5. Quel jour fais-tu du chinois ? 6. J'étudie le chinois tous les mercredis et jeudis. 7. Quelle est la date de ton anniversaire ? 8. Le 2 juin. 9. Alors c'est ton anniversaire aujourd'hui justement ! 10. Oui. 11. C'est vrai ? Alors reprends des raviolis ! 12. D'accord ! Et puis j'ai apporté un petit gâteau aussi.

Annie a noté : mercredi 29 mai, chinois ; jeudi 30 mai, chinois ; samedi 1er juin, appelé Wang Yiwen ; dimanche 2 juin, mon anniversaire, mangé (trop) de délicieux raviolis chez Wang Yiwen et Angela. Bien révisé les jours et les dates !

**9** 1. 我住432号房间。**Wǒ zhù sì sān èr hào fángjiān** [fang-dyienn] ; 2. 我家有两个孩子。**Wǒ jiā yǒu liǎng ge háizi** [h'aï-dzeu] ; 3. 我不知道门上的12个汉字是什么意思。**Wǒ bù zhīdào** [djeu-dao] **mén shàng de shí èr ge hànzì** [h'ann-dzeu] **shì shénme yìsi** ; 4. 我在这里两年了，可是我二月要走。**Wǒ zài zhèlǐ liǎng nián le, kěshì wǒ èryuè yào zǒu** ; 5. 有两个人找你。**Yǒu liǎng ge rén zhǎo nǐ.**

**10** 1. 多少 **duōshao** : Combien coûte un demi-kilo de pommes ? 2. 口 **kǒu** : Combien êtes-vous dans ta famille ? 3. 几 **jǐ** : Vous partez à quelle date ? 4. 号 **hào** : Quel est le numéro de ta chambre ? (tu loges quel numéro de chambre) 5. 几 **jǐ** : Quel jour de la semaine fais-tu du chinois ? 6. 多少 **duōshao** : Quel est ton numéro de mobile ?

## 10. « Que fais-tu ? »

**1** 1. Zhè shì shénme ? 2. Nín yào mǎi shénme ? 3. Zhè shì shénme yìsi ? (ceci est quel sens ?) 4. Tā zài shuō shénme ne ? 5. Nǐ jīntiān zuò-le xiē shénme ?

**2** 1. 我在看电影。Wǒ zài kàn diànyǐng. 2. 我在喝茶。Wǒ zài hē chá. 3. 我在听音乐呢。Wǒ zài tīng yīnyuè ne. 4. 我们在吃午饭。Wǒmen zài chī wǔfàn. 5. 我在做饭呢。Wǒ zài zuò fàn ne. 6. 我正在写短信。Wǒ zhèng zài xiě duǎnxìn.

**3** 1. 宝宝在睡觉吗？Bǎobao zài shuì jiào ma ? 2. 孩子们在打球。Háizimen (pluriel) zài dǎ qiú. 3. 对不起，我在开车呢。Duì-bu-qǐ, wǒ zài kāi chē ne. 4. 做饭了吗？Zuò fàn-le ma ? 5. 我得打电话给我爸爸。Wǒ děi dǎ diànhuà gěi wǒ bàba. 6. 我在走路，走路对身体好。Wǒ zài zǒu lù, zǒu lù duì shēntǐ hǎo.

**4** 1. préparer un repas ; 2. préparer un plat ; 3. faire un bon petit plat ; 4. conduire une voiture ; 5. allumer un ordinateur ; 6. être ravi ; 7. donner des coups à quelqu'un ; 8. jouer au tennis ; 9. téléphoner, passer un coup de fil ; 10. prendre un taxi ; 11. avoir fait un somme ; 12. faire la sieste ; 13. faire la grasse matinée ; 14. ne pas avoir dormi.

**5** 1. 我每天都工作。Wǒ měi tiān dōu gōngzuò. 2. 他每天都打车。Tā měi tiān dōu dǎ chē. 3. 安妮不是每天都学中文。Ān Nī bú shì měi tiān dōu xué zhōngwén. 4. 宝宝每天都睡午觉。Bǎobao měi tiān dōu shuì wǔjiào. 5. 李明每星期天都上中文课。Lǐ Míng měi xīngqītiān dōu shàng zhōngwén kè.

**6** 1. Nǐ měi tiān zǎoshang jǐ diǎn qǐ chuáng ? *Tu te lèves à quelle heure le matin ?* 2. Nǐ shì-bu-shì měi tiān dōu chī wǔfàn ? *Est-ce que tu déjeunes tous les midis ?* 3. Bǎobao wǎnshang jǐ diǎn shuì jiào ? *À quelle heure dort le bébé le soir ?* 4. Wǒmen měi tiān wǎnshang dōu kàn diànyǐng. *On regarde un film tous les soirs.* 5. Lǎorén tiān tiān dōu zǒu wǔ gōnglǐ lù xíng ma ? *Est-ce bien qu'une personne âgée fasse cinq kilomètres à pied par jour ?*

**7** Les composants graphiques communs sont :
1. 走 **zǒu** représentait à l'origine une empreinte de pied au sol
2. 目 **mù** représentait un œil, mais ce signe a subi une rotation à 90°. 3. et 4. 口 **kǒu** figure une bouche. 5. 亻 est un homme debout, de profil.

**8** 1. 多 duō/都 dōu ; 2. 打 dǎ/大 dà ; 3. 走 zǒu/做 zuò ; 4. 车 chē/吃 chī ; 5. 睡 shuì/岁 suì ; 6. 些 xiē/写 xiě.

**9** 1p. Elle est en train de jouer au tennis. 2h. Je vais sur Internet chaque jour. 3p. Le bébé dort encore. 4p. Qu'est-ce que tu es en train de faire ? 5h. Je déjeune tous les jours au travail (à l'entreprise).

**10** La forme de la question change, mais le sens ne change pas : 1. 您是王先生吗？**Nín shì Wáng Xiānsheng ma ?** *Vous êtes Monsieur Wang ?* 2. 有身份证吗？**Yǒu shēnfènzhèng ma ?** *Avez-vous une carte d'identité ?* 3. 你吃辣的吗？**Nǐ chī là de ma ?** *Est-ce que tu manges pimenté ?* 4. 你要买吗？**Nǐ yào mǎi ma ?** *Tu veux en acheter ou pas ?* 5. 好吗？**Hǎo ma ?** *D'accord ?*

## 11. Goût et appréciation

**1** 1F. Qu'est-ce que tu aimes boire comme thé **(chá)** ? 2E. J'aime le thé rouge **(hóng)** comme le thé vert **(lǜ)**. 3B. Aimerais-tu une tasse d'un thé célèbre **(míng)** ? 4A. Qu'aimes-tu faire le week-end **(zhōumò)** ? 5C. J'aime aller **(shàng)** sur Internet **(wǎng)** pour faire des achats **(gòu wù)**. 6D. Je voudrais acheter *un billet* **(yì zhāng piào)** *d'avion* **(fēijī)** *sur Internet* **(zài wǎng shàng).**

**2** 1. 红茶 **hóngchá** *thé rouge* ; 2. 绿茶 **lǜchá** *thé vert* ; 3. 名茶 **míngchá** *thé célèbre* ; 4. 周末 **zhōumò** *fin de semaine* ; 5. 网上 **wǎng shàng** *sur internet* ; 6. 飞机票 **fēijī piào** *billet d'avion.*

**3** 1. 甲：你觉得我的新衣服怎么样？Jiǎ : Nǐ juéde wǒ de xīn yīfu zěnmeyàng ? 2. 乙：嗯，还好。Ng, hái hǎo. 3. 甲：你喜不喜欢？4. 乙：说实话，我不太喜欢。Shuō shí huà, wǒ bú tài xǐhuān. 5. 甲：那你喜欢我吗？Nà nǐ xǐhuān wǒ ma ? 6. 乙：我爱你，可是你这件衣服……我觉得不怎么样。Wǒ ài nǐ, kěshì nǐ zhè jiàn yīfu… wǒ juéde bù zěnmeyàng.

**4** 1D. hěn hǎo *très bien* / bù zěnmeyàng *pas génial* ; 2A. jiù yīfu *vieux vêtement* /xīn yīfu *vêtement neuf* ; 3E. hǎo kàn *joli à regarder* / bú tài hǎo kàn *pas tellement joli* ; 4B. hǎo tīng *joli à écouter* / bù hǎo tīng *pas joli à l'oreille* ; 5C. hǎo chī *bon à manger* / bù hǎo chī *mauvais au goût*

**5** 1B. Elle est pas mal. 2C. Je ne comprends pas tellement

# SOLUTIONS

les paroles (ce que j'écoute). **3B.** J'aime autant parler français qu'anglais. **4A.** La grammaire française, c'est trop dur ! **5AB.** J'aime écouter de la musique classique chinoise.

❻ **1.** 海蜇比较好吃。**Hǎizhé bǐjiào hǎo chī.** *La méduse, c'est plutôt bon.* **2.** 云南的风景特别美丽。**Yúnnán de fēngjǐng tèbié měilì.** *Les paysages du Yunnan sont particulièrement beaux.* **3.** 北京的历史挺有意思。**Běijīng de lìshǐ tǐng yǒu yìsi.** *L'histoire de Pékin est passionnante.* **4.** 我也非常喜欢这种音乐。**Wǒ yě fēicháng xǐhuān zhè zhǒng yīnyuè.** *Moi aussi, j'adore ce genre de musique.* **5.** 你说得太快！**Nǐ shuō-de tài kuài !** *Tu parles trop vite !* **6.** 她个子真高。**Tā gèzi zhēn gāo.** *Elle est vraiment très grande.*

❼ **1.** 不好！**Bù hǎo !** *Ça va mal !* **2.** 不难。**Bù nán.** *Non, ce n'est pas difficile.* **3.** 不对。**Bú duì.** *C'est faux.* **4.** 没有。**Méi yǒu.** *Non, il n'y en a pas.* **5.** 不多。**Bù duō.** *Non, pas beaucoup.* **6.** 不太喜欢。**Bú tài xǐhuān.** *Non, je n'aime pas tellement.*

❽ **1C.** Cet enfant n'aime pas jouer du piano et il progresse très lentement. **2E.** Je trouve Shanghai très vivant, j'aime beaucoup. **3D.** Tu manges trop peu, reprends-en un peu (mange un peu plus). **4A.** Elle est en Chine depuis deux ans, donc elle parle très vite chinois. **5B.** Tu chantes vraiment bien ! J'adore t'écouter. **6F.** Je trouve que les vacances passent trop vite.

❾ 马力觉得 **Mǎ Lì juéde** *Ma Li trouve que :*
**1.** 语法有点难，**yǔfǎ yǒudiǎn nán** ; **2.** 今天有点累，**jīntiān yǒudiǎn lèi** ; **3.** 餐厅比较贵，**cāntīng bǐjiào guì** ; **4.** 家里有点冷，**jiā lǐ yǒudiǎn lěng** ; **5.** 假期太长了！**jiàqī tài cháng le !**

❿ **1.** 我一点也不喜欢喝啤酒。**Wǒ yìdiǎn yě bù xǐhuān hē píjiǔ.** *Je n'aime pas du tout la bière.* **2.** 我觉得语法一点也不难。**Wǒ juéde yǔfǎ yìdiǎn yě bù nán.** *Je trouve que la grammaire n'est pas difficile du tout.* **3.** 我今天一点都不想出去。**Wǒ jīntiān yìdiǎn dōu bù xiǎng chūqù.** *Je n'ai aucune envie de sortir aujourd'hui.* **4.** 这种电脑一点也不贵。**Zhè zhǒng diànnǎo yìdiǎn yě bù guì.** *Ce genre d'ordinateur n'est pas cher du tout.* **5.** 孩子说我一点也不"酷"。**Háizi shuō wǒ yìdiǎn yě bù « kù ».** *Les enfants disent que je ne suis absolument pas « cool ».*

## 12. Comparer

❶ **1.** Ils travaillent à Shanghai l'un comme l'autre. **2.** Ils ont tous les deux étudié le chinois pendant un an. **3.** Ils ne sont français ni l'un ni l'autre. **4.** Tous les deux aiment les pastèques. **5.** Ils voudraient acheter du bœuf. **6.** Aucun n'a apporté d'argent.

❷ **1.** Madame Li et son fils sont sino-canadiens. **2.** Comme sa mère, le fils est très doué. **3.** La maman espère que son enfant réussira dans la vie et Li Ming obtient de bons résultats à l'école. **4.** Maman ne boit pas de lait, mais Li Ming aime les glaces. **5.** Maman est un peu forte et Li Ming un peu dodu.

❸ Par exemple : **1.** 我和妈妈不同。**Wǒ hé māma bù tóng.** *Je ne suis pas comme ma mère.* **2.** 台湾和大陆根本不同。**Táiwān hé dàlù gēnběn bù tóng.** *Taiwan et le continent sont complètement différents.* **3.** 上海和东京的生活水平差不多。**Shànghǎi hé Dōngjīng de shēnghuó shuǐpíng chà-bu-duō.** *Les niveaux de vie de Shanghai et Tokyo sont à peu près équivalents.* **4.** 巴黎和伦敦的生活不太一样。**Bālí hé Lúndūn de shēnghuó bú tài yíyàng.** *La vie parisienne et londonienne est un peu différente.*

❹ **1.** 她和老公 **tā hé lǎogōng** *elle et son mari* ; **2.** Il faut juxtaposer avec une virgule. **3.** Il faut contraster avec une virgule. **4.** 我女儿和你儿子 **wǒ nǚ'ér hé nǐ érzi** *ma fille et ton fils* ; **5.** 和朋友一起出去玩儿 **hé péngyou yìqǐ chū-qù wánr** *sortir avec des amis (ensemble pour s'amuser).*

❺ **1D.** **Jīntiān tiānqì xiàng dōngtiān yíyàng lěng.** *Il fait aussi froid qu'en hiver aujourd'hui.* **2E. Wǒ tài bèn, bú xiàng nǐ zhèyàng cōngmíng.** *Je suis trop bête pour être aussi doué que toi.* **3B.** *Zhè ge nǚhái xiàng huā yíyàng měi.* *Cette jeune fille est jolie comme un cœur (une fleur).* **4A. Nǐ shuō rénmen bú yào xiàng mǎyǐ yíyàng gōngzuò.** *Tu dis que les gens ne doivent pas travailler comme des fourmis.* **5C. Kěshì, shéi néng xiàng húdié yíyàng shēnghuó ?** *Mais qui peut vivre comme un papillon ?*

❻ **1.** 区别 **qūbié** *différence : Il y a une grande différence entre ces deux fruits.* **2.** 乐器 **yuèqì** *instrument de musique : Quelle est la différence entre ces trois instruments de musique ?* **3.** 时差 **shíchā** *décalage horaire* ; 多少？ **duōshao ?** *combien ? : Quel est le décalage horaire entre les États-Unis et la Chine ?* **4.** 高考 **gāokǎo** *examen d'entrée à l'université* ; 差别 **chābié** *différence de niveau : Quelle est la différence de niveau entre les examens chinois et américains pour entrer à l'université ?* **5.** 贫富差距 **pínfù chājù** *écart entre pauvreté et richesse : Les écarts de richesse sont de plus en plus grands.*

❼ **1.** 我比你重。**Wǒ bǐ nǐ zhòng.** **2.** 他比你更快。**Tā bǐ nǐ gèng kuài.** **3.** 儿子比爸爸高。**Érzi bǐ bàba gāo.** **4.** 中国人口比印度人口多。**Zhōngguó rénkǒu bǐ Yìndù rénkǒu duō.** **5.** 她写字比老师还要好。**Tā xiě zì bǐ lǎoshī hái yào hǎo.**

❽ **1.** 你没有他快。**Nǐ méi yǒu tā kuài.** *Tu es moins rapide que lui.* **2.** 爸爸没有儿子高。**Bàba méi yǒu érzi gāo.** *Le père n'est pas aussi grand que son fils.* **3.** 印度人口没有中国多。**Yìndù rénkǒu méi yǒu Zhōngguó rénkǒu duō.** *La population indienne n'est pas aussi nombreuse que la population chinoise.* **4.** 老师没有她写字好。**Lǎoshī méi yǒu tā xiě zì hǎo.** *Le professeur écrit moins bien qu'elle.*

❾ **1.** Je suis aussi bête que toi. **2.** Tu gagnes autant d'argent que moi. **3.** Ma vieille maman est aussi travailleuse qu'une abeille. **4.** La grand-mère dit qu'avoir un garçon ou une fille, c'est tout aussi cher ! **5.** Les habitudes de vie de ces deux pays sont à peu près pareilles.

❿ 1E ; 2C ; 3D ; 4A ; 5B.

## 13. Passé, présent, futur

❶ **1.** *c'était* ; **2.** *était-ce* ; **3.** *c'est* ; **4.** *ce sera* ; **5.** *ce sera* ; **6.** *va.*

❷ 1. 今天早上沈阳气温16度，不太冷吧/还比较暖和。*Jīntiān zǎoshang Shěnyáng qìwēn shí liù dù, bú tài lěng ba / hái bǐjiào nuǎnhuo. Ce matin il fait 16 °C à Shenyang, ce qui n'est pas trop froid / il fait encore assez bon (pour la saison).* 2. 明天早上有点冷，气温10度。*Míngtiān zǎoshang yǒudiǎn lěng, qìwēn shí dù. Demain matin il fera un peu froid, la température atmosphérique sera de 10 °C.* 3. 昨天中午香港27度，*Zuótiān zhōngwǔ Xiānggǎng èr shí qī dù, hái bǐjiào rè. Il faisait 27 °C hier midi à Hong Kong, ce qui est encore assez chaud (pour la saison).* 4. 今天比昨天凉快一点。*Jīntiān bǐ zuótiān liángkuài yìdiǎn. Aujourd'hui, il fait un peu plus frais qu'hier.* 5. 明天28度，还比较热。*Míngtiān èr shí bā dù, gēn zuótiān chā-bu-duō. Demain il fera 28 °C, c'est à peu près comme hier.*

❸ 1. 宝宝是去年出生的。*Bǎobao shì qùnián chūshēng de.* 2. 我明年打算去中国工作。*Wǒ míngnián dǎsuàn qù Zhōngguó gōngzuò.* 3. 今年我得学说英语。*Jīnnián wǒ děi xué shuō yīngyǔ.* 4. 我们后年要去美国或者加拿大。*Wǒmen hòunián yào qù Měiguó huòzhě Jiānádà.* 5. 我们今年要留在这儿。*Wǒmen jīnnián yào liú zài zhèr.*

❹ 1D ; 2E ; 3A ; 4C ; 5F ; 6B.

❺ Ex. *Wǒ yǐqián dōu bú huì shuō zhōngwén, xiànzài huì yìdiǎndiǎn. Avant je ne savais pas du tout parler chinois, à présent je sais un tout petit peu.* 1. *Yǐqián hěn guì, xiànzài piányi duō le. Avant c'était très cher, à présent c'est bien meilleur marché.* 2. *Zǎoshang xià xuě, xiànzài xià yǔ le. Ce matin il neigeait, maintenant il pleut.* 3. *Zuótiān hěn lěng, jīntiān nuǎnhuo le. Il faisait très froid hier, aujourd'hui le temps s'est radouci.* 4. *Wǒ zuótiān wǎnshàng shuì-de hěn wǎn, jīntiān bù shūfu. Je me suis couché très tard hier soir et je ne me sens pas bien aujourd'hui.*

❻ 1. 今天 *jīntiān aujourd'hui /* 明天 *míngtiān demain /* 昨天 *zuótiān /* 星期天 *xīngqītiān dimanche ;* 2. 早上 *zǎoshàng le matin tôt ;* 3. 晚上 *wǎnshàng le soir ;* 4. 上午 *shàngwǔ dans la matinée /* 中午 *zhōngwǔ en milieu de journée, vers midi /* 下午 *xiàwǔ l'après-midi ;* 5. 今天 *jīntiān aujourd'hui /* 今年 *jīnnián cette année ;* 6. 明天 *míngtiān demain/* 明年 *míngnián l'année prochaine ;* 7. 昨天 *zuótiān hier ;* 8. 去年 *qùnián l'année dernière ;* 过去 *guòqù autrefois, dans le passé.*

❼ 1. 快 kuài ; 2. 刚 gāng ; 3. 快 kuài ; 4. 刚 gāng ; 5. 刚才 Gāngcái ; 6. 刚才 gāngcái.

❽ 1C. *Il pleuvra demain.* 2D. *Ce sera la fête du Printemps d'ici quelques jours. (donc les sites d'achat de billets sont pris d'assaut).* 3A. *On en reparlera plus tard si tu veux bien.* 4E. *À tout à l'heure !* 5B. *Rappelle-le dans un moment.*

❾ 1. (présent) *Il fait plus doux aujourd'hui.* 2. (avenir) *Ce sera la fête du Printemps dans quelques jours.* 3. (présent) *C'est beaucoup moins cher à présent.* 4. (passé) *Je viens de me lever.* 5. (avenir) *Il sera bientôt huit heures.* 6. (avenir) *Ce sera bientôt le Nouvel an.*

❿ 1. *Il était une fois un dragon...* 2. *Nous sommes mariés depuis plus de trois ans.* 3. *Je suis allé en Europe il y a quelques années.* 4. *Ce sont de vieilles photos qui datent de cent ans.* 5. *Il y a dix ans, mon frère aîné a quitté le pays pour aller étudier aux États-Unis.*

## 14. Les compléments du verbe

❶ 1. 电影 diànyǐng ; 2. 饼干 bǐnggān ; 3. 手机 shǒujī ; 4. 面试 miànshì.

❷ 1. 吃饭 chī fàn ; 2. 吃白饭 chī bái fàn ; 3. 喝酒 hē jiǔ ; 4. 喝一杯茶 hē yì bēi chá ; 5. 和一瓶水 hē yì píng shuǐ ; 6. 喝一碗汤 hē yì wǎn tāng ; 7. 开灯 kāi dēng ; 8. 开饭 kāi fàn ; 9. 洗手 xǐ shǒu ; 10. 洗澡 xǐ zǎo.

❸ 1. 走路 zǒu lù (marcher route) ; 2. 跑步 pǎo bù (courir pas) ; 3. 睡觉 shuì jiào (dormir sommeil) ; 4. 放心 fàng xīn (poser cœur) ; 5. 放假 fàng jià (lâcher congé) ; 6. 上网 shàng lóu (monter immeuble) ; 7. 上路 shàng lù (monter route) ; 8. 上网 shàng wǎng (monter filet) ; 9. 上班 shàng bān (monter équipe) ; 10. 取钱 qǔ qián (prendre argent).

❹ 1. 上山 shàng shān *gravir une montagne /* 下山 xià shān *descendre de la montagne ;* 2. 开门 kāi mén *ouvrir la porte /* 关门 guān mén *fermer la porte ;* 3. 上班 shàng bān *commencer le travail /* 下班 xià bān *finir le travail ;* 4. 开灯 kāi dēng *allumer la lampe /* 关灯 guān dēng *éteindre la lampe ;* 5. 进门 jìn mén *entrer (par la porte) /* 出门 chū mén *sortir (d'une maison, de chez soi, etc.).*

❺ Par exemple : 1. 这是谁的包？*Zhè shì shéi de bāo ? À qui est le sac ?* 2. 对不起，您这个手机很像我的。*Duìbuqǐ, nín zhè ge shǒujī hěn xiàng wǒ de. Désolé, votre téléphone ressemble beaucoup au mien.* 3. 请问，这是您的车吗？不是。*Qǐng wèn, zhè shì nín de chē ma ? – Bú shì. Excusez-moi, cette voiture est-elle à vous ? – Non.* 4. 这些袜子都是谁的？很乱！*Zhè xiē wàzi dōu shì shéi de ? Hěn luàn ! À qui sont toutes ces chaussettes ? Quelle pagaille !* 5. 这杯咖啡是我的，你的在哪儿？*Zhè bēi kāfēi shì wǒ de, nǐ de zài nǎr ? Cette tasse de café est à moi, où est la tienne ?*

❻ 1E3 ; 2C4 ; 3A1 ; 4B2 ; 5D5.

❼ 1. 今天是我的生日。*Jīntiān shì wǒ de shēngrì. Aujourd'hui, c'est mon anniversaire.* 2. 我知道。*Wǒ zhīdào. Je sais.* 3. 那你送我什么？*Nà nǐ sòng wǒ shénme ? Alors, qu'est-ce que tu m'offres ?* 4. 我请你吃饭。*Wǒ qǐng nǐ chī fàn. Je t'invite à manger ;* 5. 太好了！*Tài hǎo le ! Super !*

❽ 1C3 ; 2E5 ; 3D1 ; 4A4 ; 5B2.

❾ 1. *Yòng máobǐ xiě zì nán-bu-nán ? Est-il difficile d'écrire les caractères au pinceau ?* 2. *Lǐ Míng xǐhuān kàn « Hé nǐ zài yìqǐ » zhè bù lǎo diànyǐng. Li Ming aime le vieux film (intitulé) Avec toi.* 3. *Nǐ zài nǎr gōngzuò ? Où travailles-tu ?* 4. *Yīshēng gěi wǒ kāi-le zhōngyào. Le docteur m'a prescrit des médicaments chinois.* 5. *Gēn nǐ pópo yìqǐ zhù kěyǐ ma ? Vivre avec ta belle-mère, c'est possible ?*

❿ 1. *difficile ;* 2. *ne pas ;* 3. *un ;* 4. *se trouver à ;* 5. *comparé à, par rapport à.*

# SOLUTIONS

## 15. Verbes auxiliaires

**❶** 1. 会 **huì** ; 2. 知道 **zhīdào** ; 3. 会 **huì** ; 4. 知不知道 **zhī-bu-zhīdào** ; 5. 会 **huì**.

**❷** 1C ; 2E ; 3D ; 4B ; 5A.

**❸** 1. 我八月要去香港。**Jiǎ : Wǒ bā yuè yào qù Xiānggǎng.** 2. 八月去香港可能会有台风。**Yǐ : Bā yuè qù Xiānggǎng kěnéng huì yǒu táifēng.** 3. 我看不一定。**Wǒ kàn bù yídìng.** 4. 你不是这里的人，你怎么会知道的？**Nǐ bú shì zhèlǐ de rén, nǐ zěnme huì zhīdào de ?** 5. 嗯，我没想到会有台风。**Ng, wǒ méi xiǎng-dào huì yǒu táifēng.**

**❹** 1B ; 2D ; 3E ; 4A ; 5C.

**❺** 1. 你还要吃面吗？**Nǐ hái yào chī miàn ma ?** 2. 你想去哪儿？**Nǐ xiǎng qù nǎr ?** 3. 我不想去买东西。**Wǒ bù xiǎng qù mǎi dōngxi.** 4. 今晚你打算做什么？**Jīnwǎn nǐ dǎsuàn zuò shénme ?** 5. 我不愿意跟他结婚。**Wǒ bù yuànyì gēn tā jié hūn.**

**❻** 1E. Il est déjà six heures, il faut que je me prépare. 2F. Après avoir rempli le formulaire, où est-ce que je dois aller ? 3A. Il ne faut pas manger avant une prise de sang. 4B. Du lundi au vendredi, je ne suis pas libre, je dois travailler. 5C. Pour la fête de Printemps, je dois rentrer dans ma famille.

**❼** 1D. Quel jour es-tu libre ? Je voudrais t'inviter à manger. – C'est possible un week-end. 2C. Je suis malade aujourd'hui et ne peux rien avaler. 3E. J'habite dans le nord-est. Il fait super froid là-bas. 4B. On peut skier là-bas ? – Bien sûr, et on peut aussi patiner. 5A. On pourrait ouvrir la fenêtre pour aérer ?

**❽** 1A. Je te défends de manger du chocolat ! 2B. J'ai besoin (d'avoir) de quelqu'un pour garder les enfants. 3A. Je vais te donner un coup de main, inutile de t'inquiéter. 4B. Pour faire cuire le riz (dans l'eau), pas besoin d'ajouter du sel. 5C. Pas le droit de jouer sur l'ordi tant qu'on n'a pas fini ses devoirs et ses leçons !

**❾** 1. 会 **huì** : Mon mari/ma femme sait aussi parler un petit peu chinois. 2. 需要 **xūyào** : On ne comprend rien, on a besoin que quelqu'un traduise. 3. 会 **huì** : Peut-être qu'il neigera cet après-midi. 4. 不用 **bú yòng** : Le docteur dit que tu n'es pas malade et que ce n'est pas la peine de prendre des médicaments. 5. 得 **děi** ou 应该 **yīnggāi** : Désolé, il est déjà huit heures et je dois rentrer à la maison.

**❿** 1. Capacité : *Tu peux en manger combien ?* 2. Futur : *Elle va bientôt partir.* 3. Nécessité : *Il faut encore attendre trois heures.* 4. Savoir-faire : *Je ne sais pas manger avec des baguettes.* 5. Volonté, projet ou nécessité : *Je veux/vais/dois aller en Chine l'an prochain.* 6. Intention : *Comment comptes-tu y aller ?* 7. Non nécessité : *Ce n'est pas la peine d'en dire plus.* 8. Permission : *Est-ce que je pourrais utiliser ton mobile ?* 9. Possibilité : *Est-ce que ma voiture peut être réparée ?* 10. Possibilité : *Est-ce qu'on peut retirer de l'argent ici ?*

## 16. Sensation, impression, avis et sentiment

**❶** 1E. Comment va aujourd'hui ? – Ça va. 2C. Tu es fatiguée ? – Un peu. 3D. Qu'est-ce que tu as ? – Ce n'est rien. 4A. Tu es malade ? – Non, juste un peu mal en point. 5B. Je t'emmène chez le médecin. – Ce n'est pas la peine, un peu de thé et ça passera.

**❷** 1D. 渴 **kě** ; 2A. 冷 **lěng** ; 3B. 热 **rè** ; 4E. 困 **kùn** ; 5C. 饿 **è** ; 6F. 痛 **tòng** et 6G. 疼 **téng**.

**❸** 1. 我们都很高兴，就是有点饿。**Wǒmen dōu hěn gāoxìng, jiùshì yǒudiǎn è.** 2. 我觉得这个杂技节目很美。**Wǒ juéde zhè ge zájì jiémù hěn měi.** 3. 我觉得房间里有点热。**Wǒ juéde fángjiān lǐ yǒudiǎn rè.** 4. 有点头疼。**Yǒudiǎn tóu téng.** 5. 我觉得这次旅游很有意思。**Wǒ juéde zhè cì lǚyóu hěn yǒu yìsi.**

**❹** 1B. Maman trouve ça trop cher. En fait, ce n'est pas si cher. 2D. Il dit que cette voiture est vraiment belle ! Je la trouve comme-ci comme ça. 3A. Il trouve que le problème est grave. Moi, je dis que ce n'est pas un grand problème. 4E. Tu es content de l'entendre parler ainsi. Moi, en l'entendant, je suis très gêné. 5C. Tout le monde trouve que c'est très bien organisé. Moi, je trouve que le programme est trop chargé.

**❺** Par exemple : 我想这个人很聪明，但是有点懒。**Wǒ xiǎng zhè ge rén hěn cōngming, dànshì yǒudiǎn lǎn.** Je pense que cette personne est très douée, mais un peu paresseuse.

**❻** 1D. Ton fils va venir ? – À mon avis, il n'a pas le temps aujourd'hui. 2C. Les sources d'énergie sont-elles suffisantes ? – Je pense qu'à l'avenir, il faudra encore en importer. 3A. Comment est Noël en France ? – J'ai trouvé ça très amusant, beaucoup de cadeaux ! 4E. Comment va ton père ? – Je crois qu'il ne se sent pas bien en ce moment. 5B. Tu trouves le chinois difficile (à apprendre) ? – Je trouve que… ça va.

**❼** 1. 重 **zhòng** *lourd* ; 严重 **yánzhòng** *grave* ; 2. 近 **jìn** *proche* ; 最近 **zuìjìn** *récent, récemment* ; 3. 玩 **wán** *jouer, s'amuser* ; 好玩 **hǎowán** *amusant, drôle* ; 4. 高 **gāo** *haut* ; 高兴 **gāoxìng** *heureux* ; 5. 能 **néng** *pouvoir, puissance* ; 能源 **néngyuán** *source d'énergie*

**❽** 1. 病 **bìng** maladie, 看病 **kàn bìng** se faire examiner ; 2. 问 **wèn** demander, poser une question, 问题 **wèntí** question, problème ; 3. 用 **yòng** utiliser, 有用 **yǒuyòng** être utile, avoir de l'utilité ; 4. 美 **měi** beau, beauté, 健美 **jiànměi** fitness (santé-beauté) ; 5. 看 **kàn** regarder, 看法 **kànfǎ** vision, opinion, point de vue.

**❾** 1. 好像 **hǎoxiàng** ; 2. 好像 **hǎoxiàng** ; 3. 好像 **hǎoxiàng** ou 看来 **kàn-lái** ; 4. 好像 **hǎoxiàng** ou 看来 **kàn-lái** ; 5. 听说 **tīng shuō**.

**❿** 1C. Il fait mauvais temps, c'est trop dommage ! 2A. J'espère que tu trouveras du travail le plus vite possible. 3B. J'espère pouvoir aller en Chine. 4E. Heureusement que j'ai apporté mon téléphone, on peut vérifier sur Internet. 5D. (Si) tu y vas seul, j'ai bien peur que tu ne sois pas en sécurité.

## 17. Groupe nominal

**❶** L'intrus est **3** puisque la particule 的 **de** est omise entre le possessif déterminant « ton » et le nom déterminé « mère ».

**❷** Par exemple : 右边是我女朋友 **Yòubiān shì wǒ nǚpéngyou**. *À droite, c'est ma copine.*

**❸** 1. 一匹白马 **yì pǐ bái mǎ** (**pǐ** est le classificateur des chevaux) ; 2. 一只大狗 **yì zhī dà gǒu** (**zhī** est le classificateur de nombreux animaux) ; 3. 这座高楼 **zhè zuò gāo lóu** ou bien **dà lóu** (**zuò** est le classificateur des bâtiments et des ponts) ; 4. 小学 **xiǎoxué** ; 5. 中文词典 **zhōngwén cídiǎn**.

**❹** 1. 电话号 **diànhuàhào** ; 2. 牛肉 **niúròu** ; 3. 北京话 **Běijīnghuà** ; 4. 电脑 **diànnǎo** ; 5. 春节 **Chūnjié**.

**❺** 1D ; 2A ; 3E ; 4B ; 5C.

**❻** **1C.** Le magasin où je vais n'est pas loin, inutile de prendre un taxi. **2A.** Ce que tu dis est très intéressant. **3D.** Les films que tu aimes voir sont tous américains. **4E.** (les caractères que je connais ne sont pas suffisants) Je ne connais pas assez de caractères chinois. – Pas grave, prends ton temps (lentement apprendre) et tout ira bien. **5B.** Il est bon le plat que je t'ai fait ?

**❼** 1. *Mon sac n'est pas* (包 **bāo** *un sac*) *vert.* 2. *Il est* (学生 **xuésheng** *étudiant*) *en première année et moi je suis en deuxième année.* 3. *Prête-moi un stylo, j'ai encore perdu le mien* (笔 **bǐ** *stylo*). 4. *Cette appli provient de quelle société ?* (*est une appli App de quelle société*) ; 5. *Ce n'est pas l'accent de Pékin, mais* (口音 **kǒuyīn** *l'accent*) *de la province du Henan.*

**❽** 1. 这条牛仔裤是灰色的。**Zhè tiáo niúzǎikù shì huīsè de.** 2. 这是真的，不是假的。**Zhè shì zhēn de, bú shì jiǎ de.** 3. 那是谁说的？**Nà shì shéi shuō de ?** 4. 这种面包是甜的吗？**Zhè zhǒng miànbāo shì tián de ma ?** 5. 古人说天是圆的，地是方的。**Gǔrén shuō tiān shì yuán de, dì shì fāng de.**

**❾** 1. *À qui est ce CV ?* (appartenance) 2. *La photo est en noir et blanc ou en couleur ?* (couleur) 3. *C'est vous qui l'avez écrit à la main ?* (encadrer un verbe) 4. *Ta filière de formation est très utile.* (encadrer un groupe verbal) 5. *Tes choix sont tout à fait justes.* (encadrer un adjectif) 6. *Notre stagiaire est très compétent(e).* (encadrer un adjectif)

**❿** Par exemple : 1. 我是1998年出生的。**Wǒ shì yī jiǔ jiǔ bā nián chūshēng de.** *Je suis né(e) en 1998.* 2. 我们是十年前认识的。**Wǒmen shì shí nián qián rènshi de.** *Nous nous sommes connus il y a dix ans.* 3. 他是三岁开始的。**Tā shì sān suì kāishǐ de.** *Il a commencé à l'âge de trois ans* (à apprendre des caractères). 4. 夜里开始的，好像是昨天着凉的。**Yè lǐ kāishǐ de, hǎoxiàng shì zuótiān zháo liáng de.** (La fièvre) *a commencé dans la nuit, j'ai l'impression d'avoir pris froid hier.*

# TABLEAU D'AUTOÉVALUATION

Bravo, vous êtes venu à bout de ce cahier ! Il est temps à présent de faire le point sur vos compétences et de comptabiliser les icônes afin de procéder à l'évaluation finale. Reportez le sous-total de chaque chapitre dans les cases ci-dessous puis additionnez-les afin d'obtenir le nombre final d'icônes dans chaque couleur. Puis découvrez vos résultats !

| | 🙂 | 😐 | ☹️ | | | 🙂 | 😐 | ☹️ |
|---|---|---|---|---|---|---|---|---|
| 1. C'est du chinois ! | | | | | 10. « Que fais-tu ? » | | | |
| 2. Traduire ou ne pas traduire le verbe « être » | | | | | 11. Goût et appréciation | | | |
| 3. Compter et chanter | | | | | 12. Comparer | | | |
| 4. Traduire le verbe « avoir » | | | | | 13. Passé, présent, futur | | | |
| 5. Localiser : « Où es-tu ? » | | | | | 14. Les compléments du verbe | | | |
| 6. « Où vas-tu ? » | | | | | 15. Verbes auxiliaires | | | |
| 7. Envie, volonté, intention | | | | | 16. Sensation, impression, avis et sentiment | | | |
| 8. « Comment ? » | | | | | 17. Groupe nominal | | | |
| 9. Quantifier et classer : « Combien ? » | | | | | | | | |

**Total, tous chapitres confondus** ...........................................

### Vous avez obtenu une majorité de…

挺好啊 ! **Tĭng hăo a!** Super ! Vous maîtrisez les fondamentaux les plus utiles et vous êtes prêt pour un vrai niveau A2.

不错。**Bú cuò.** C'est déjà pas mal, mais vous pouvez aisément progresser en reprenant les exercices qui vous ont donné du fil à retordre.

有点问题。**Yǒu diǎn wèntí.** Nous avons un petit problème. Reprenez l'ensemble du cahier en relisant bien les encadrés.

**Crédits iconographiques : DR :** pp. 19h, 35, 46h et b, 65, 71, 85, 94. **Shutterstock :** -Albachiaraa- : p. 29h ; Abstractdesignlabs : p. 25b ; ADE2013 : p. 77g ; Ankomando : p. 67b ; Antoshkaforever : p. 78h ; Apatsara : p. 29 ; Articco : p. 45 ; Artit Fongfung : p. 64 ; Artsholic : p. 100 ; Anastasia_B : p. 56 ; avNY : p. 47h ; benchart : p. 67h ; Blablo101 : pp. 49, 50h, 87, 97, 103, 104b, 108b, 112 ; Boguslaw Mazur : p. 106 ; Cmgirl : p. 97 ; Comodo777 : pp. 62b, 133g ; Dashikka : p. 34 ; Delices : p. 109 ; Diana Hlevnjak : p. 16 ; Dooder : p. 27 ; Doremi : p. 34bg ; Ekier : p. 81b ; Henry Olden : p. 77d ; HieroGraphic : p. 76b ; Grmarc : p. 9 ; Grop : p. 7 ; Gurza : p. 93b ; Honglouwawa : p. 115h ; Iuliia Makarova : p. 36 ; Incomible : pp. 73h, 79b ; jorgen mcleman : p. 3g ; Julia Tim : p. 55 ; Julie A. Felton : p. 11h ; Kamomeen : pp. 68, 78b ; Kavaliova Viktoryia : p. 83 ; Khalima : p. 8b ; Kuvshinova Nadezhda : pp. 21g, 21d, 21 2e en partant de la gauche, 21m, 21 6e en partant de la droite, 113d ; Kanate : p. 52h ; Kyuree : pp. 41h, 43b, 62h ; Losw : p. 24g ; Mackey Creations : p. 22h ; Macrovector : pp. 25d, 39m, 40h, 41b, 79h ; Malchev : p. 99h ; Maria Starus : p. 54g ; Marish : p. 54d ; Mauromod : p. 98 ; Microvector : p. 15b ; milo827 : p. 72 ; Mio Buono : p. 13 ; Miumi : p. 21md ; Mhatzapa : p. 111 ; MyClipArtStore.com : p. 12, 115b ; Naddya : p. 95h ; Nekomata : p. 18 ; Netta07 : p. 19b ; Nevena Radonja : pp. 15h, 66 ; Olillia : p. 39b ; Olga1818 : pp. 5, 37, 38, 47b, 82 ; Oxy_gen : p. 40b ; Pariyna Hirunthitima : p. 63 ; Pretty Vectors : p. 104h ; Reamolko : p. 116h ; Reljic Aleksandra : p. 26 ; Rudie Strummer : p. 24d ; sahua d : pp. 51, 93h, 69 ; Sarawut Padungkwan : p. 83b ; Sentavio : p. 6 ; Spreadthesign : p. 21mg, 22b ; St22 : pp. 8m, 8b, 61, 90, 107, 116b ; Studio_G : p. 17 ; Sunny_nsk : p. 4 ; Tanya_Knyazeva : pp. 28, 113md ; Tetiana Yurchenko : p. 105 ; tn-prints : p. 23b ; Tomacco : pp. 20, 59h, 75 ; Trikona : p. 95b ; Vector pro : p. 50b ; Venimo : pp. 8h, 43h, 57d, 83b ; Viktorija Reuta : p. 110 ; Woodhouse : p. 118 ; world of vector : p. 73b ; yoshi-5 : p. 11b ; Yuyula : p. 80 ; zzveillust : p. 32b.

Conception graphique : MediaSarbacane
Mise en pages : Julie Simoens pour Céladon éditions
Réalisation : Céladon éditions, www.celadoneditions.com
© 2015 Assimil
Dépôt légal : juillet 2015
N° d'édition : 3870
ISBN : 978-2-7005-0686-0
www.assimil.com
Imprimé en Roumanie par Tipografia Real - avril 2019

# HERZLICH WILLKOMMEN IN DER „KINDERLEICHTEN BECHERKÜCHE"!

Wir wünschen Ihnen viel Spaß und Freude mit der „Kinderleichten Becherküche – Kleine Gerichte ganz groß"!

Mit diesem Backkonzept fördern Sie nicht nur die Eigenständigkeit Ihrer Kinder, sondern unterstützen auch ihre natürliche Neugier durch Erfolgserlebnisse beim Kochen und Backen. Kinder lieben es, in der Küche zu helfen und Speisen selbst zuzubereiten.

Mit der „Kinderleichten Becherküche" können jetzt auch schon Vorschulkinder selbstständig backen und erleben, wie Brot, Pfannkuchen und Snacks aus Lebensmitteln hergestellt werden. In einer Zeit, in der Tiefkühlkost und Fertiggerichte die Ernährung in vielen Familien prägen, ist dies eine sehr wertvolle Erfahrung und legt den Grundstein für das zukünftige Ernährungsverhalten Ihrer Kinder.

Mit den unterschiedlich großen und farbigen Bechern gelingt es den Kindern eigenständig, die Zutaten abzumessen und einen Teig herzustellen. In einer übersichtlichen Bild-für-Bild-Anleitung wird jeder einzelne Schritt dargestellt und führt so die Kinder durch das Rezept.

Mit dieser Herangehensweise an das Backen lernt Ihr Kind den Umgang mit Zahlen und Mengen, eine Reihenfolge einzuhalten sowie zu ordnen und zu sortieren.

Auch wenn das selbstständige Zubereiten im Vordergrund steht, können Sie Ihrem Kind natürlich gern Hilfestellungen geben, sollte es einmal nicht weiterwissen.

Probieren Sie jetzt die „Kinderleichte Becherküche" aus und lassen Sie Ihr Kind viele schöne Erfahrungen sammeln!

Viel Spaß!

*Birgit Wenz*

Die Autorin Birgit Wenz ist Erzieherin und Mutter. Ihr Ziel ist es Kinder spielerisch und mit Freude ans Backen heranzuführen. Von ihrem Konzept „Kinderleichte Becherküche" sind Kinder und Familien in ganz Deutschland begeistert. Die Rezepte sind speziell auf die Bedürfnisse von Mädchen und Jungen zugeschnitten und werden in ausführlichen Bildern Schritt-für-Schritt präsentiert. Eine Vielzahl von Büchern mit süßen und herzhaften Gerichten, sowie Backwaren sorgen für Abwechslung in der Küche.

# DIE HÖHLE DER LÖWEN

## KÜCHENHITS FÜR KIDS – EINE ERFOLGSSERIE!

Auf der Suche nach einem Kapitalgeber für die Umsetzung der „Kinderleichten Becherküche" wagte Birgit Wenz den mutigen Schritt und stellte ihr Kinderbackbuch in der Gründer-Show „Die Höhle der Löwen" beim Fernsehsender VOX vor.

Hier bekommen Erfinder und Unternehmensgründer die einmalige Gelegenheit, ihre innovativen Geschäftsideen vor finanzstarken Investoren zu präsentieren und sie davon zu überzeugen, in ihr Startup zu investieren und sie mithilfe ihres Wissens und ihrer Erfahrung fachlich zu begleiten.

Birgit Wenz nutzte ihre Chance, konnte die Unternehmer von sich überzeugen und vor allem Investor Ralf Dümmel mit ihrem Konzept begeistern – ein Konzept, auf das die kleinen und großen Bäckerinnen und Bäcker schon lange gewartet haben!

MINI-QUICHE

KÄSEPLÄTZCHEN

SCHINKENSCHNECKEN

PIZZASTANGEN

SALAMI MUFFINS

WÜRSTCHEN IM SCHLAFROCK

SCHINKEN-KÄSE-BAGUETTE

CHICKEN NUGGETS

ORZO AUFLAUF

PFANNKUCHEN

SANDWICHE WAFFELN

BAGUETTE

# INHALT

- 06    UMGANG MIT DER „KINDERLEICHTEN BECHERKÜCHE"
- 10    MINI-QUICHE
- 22    KÄSEPLÄTZCHEN
- 34    SCHINKENSCHNECKEN
- 46    PIZZASTANGEN
- 56    SALAMI MUFFINS
- 66    WÜRSTCHEN IM SCHLAFROCK
- 78    SCHINKEN-KÄSE-BAGUETTE
- 86    CHICKEN NUGGETS
- 96    ORZO AUFLAUF
- 106    PFANNKUCHEN
- 114    SANDWICHE WAFFELN
- 124    BAGUETTE

# So funktioniert die „Kinderleichte Becherküche"

**Aufbau des Buches**
Jedes der 12 Rezepte besteht aus einer Übersicht mit Zutaten- und Materialliste sowie einer mehrseitigen Schritt-für-Schritt-Bildanleitung – übersichtlich strukturiert und leicht verständlich.

**Vorbereitung**
Zutaten wie z.B. Mehl, Gewürze, Milch oder Öl in ausreichender Menge bereitstellen, ohne diese vorher abzuwiegen bzw. abzumessen.Beispiel: für 600 g Mehl eine ganze Packung Mehl (1 kg) bereitstellen. Fleisch, Speck, Schinken und Würstchen: Stellen Sie Ihrem Kind genau die Menge zur Verfügung, die in der Rezeptübersichtsseite angegeben ist.

**Anleiten des Kindes bzw. der Kinder**
Der Erwachsene und das Kind betrachten den 1. Arbeitsschritt und besprechen diesen. Nachdem das Kind die Aufgabe verstanden hat, sollte es sie selbstständig ausführen. Die Aufgabe des Erwachsenen ist es, sich begleitend im Hintergrund zu halten und lediglich Hilfestellung zu geben, wenn das Kind allein nicht mehr weiterkommt. Mit den weiteren Arbeitsschritten wird ebenso verfahren. Beim Umgang mit Elektrogeräten muss das Kind jedoch sorgfältig von Erwachsenen beaufsichtigt werden. Bitte beachten Sie zudem die Bedienungsanleitungen der verwendeten Küchengeräte.

# RATGEBER ZUTATEN

**Milch**
Stets zimmerwarme Milch verwenden, ca. 23 °C.

**Mehl**
Bei allen Rezepten wird Weizenmehl Type 405 verwendet.

**Wasser**
Immer lauwarmes Wasser verwenden, ca. 35 °C.

**Eier**
Entsprechen der Größe M.

**Butter**
Die Butter frühzeitig vor dem Backen aus dem Kühlschrank nehmen. Bei Zimmertemperatur lässt sie sich einfacher verarbeiten und verbindet sich am besten mit den anderen Zutaten.

**Kräuter**
Es werden hauptsächlich getrocknete (gerebelte) Kräuter verwendet. Die Maßangabe der Löffel ist nicht für frische Kräuter geeignet.

# ABMESSEN DER ZUTATEN

**Mehl**
Zum einfachen Abmessen das Mehl in einen großen Vorratsbehälter füllen. Den Becher gehäuft füllen. Anschließend mit einem Messer überschüssiges Mehl einfach in den Vorratsbehälter abstreifen, damit der Becher randvoll gefüllt ist.

**Weitere Zutaten**
Den passenden Becher stets bis zum Rand füllen. Es gibt keinen Eichstrich oder Ähnliches.

# HINWEISE

**Vorsicht beim Umgang mit Elektrogeräten!**

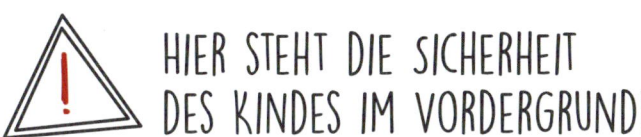 HIER STEHT DIE SICHERHEIT DES KINDES IM VORDERGRUND!

Es liegt im Ermessen des Erwachsenen, inwieweit das Kind selbstständig das Rührgerät benutzen darf. Ebenso entscheidet der Erwachsene über den Umgang mit dem heißen Backofen. Bitte beachten Sie die Anweisungen in den Bedienungsanleitungen der jeweiligen Elektrogeräte hinsichtlich der Bedienung durch Kinder.

**Teig kneten**
Teig kneten, sowohl mit der Hand als auch mit dem Rührgerät, ist für Kinder oft schwer. Hier muss meist ein Erwachsener unterstützen.

**Teig auswellen**
Manchmal ist es schwierig und erfordert viel Kraft, einen Teig dünn auszurollen. Die Unterstützung und Hilfe eines Erwachsenen ist hier wichtig.

**Backofen**
Jeder Backofen backt anders. Oft gibt es Unterschiede im Backverhalten der Geräte. Deshalb sind die Temperatur und Backzeiten bei den Rezepten nur ungefähre Angaben. Zur Sicherheit sollte die Speise im Ofen beobachtet werden.

**Eier trennen**
Eier trennen können Kinder in diesem Alter meist noch nicht. Deshalb wird darauf verzichtet. Brötchen können ebenso mit einem ganzen Ei bestrichen werden.

**Becherset**
Das Becherset ist lebensmittelecht und spülmaschinengeeignet.

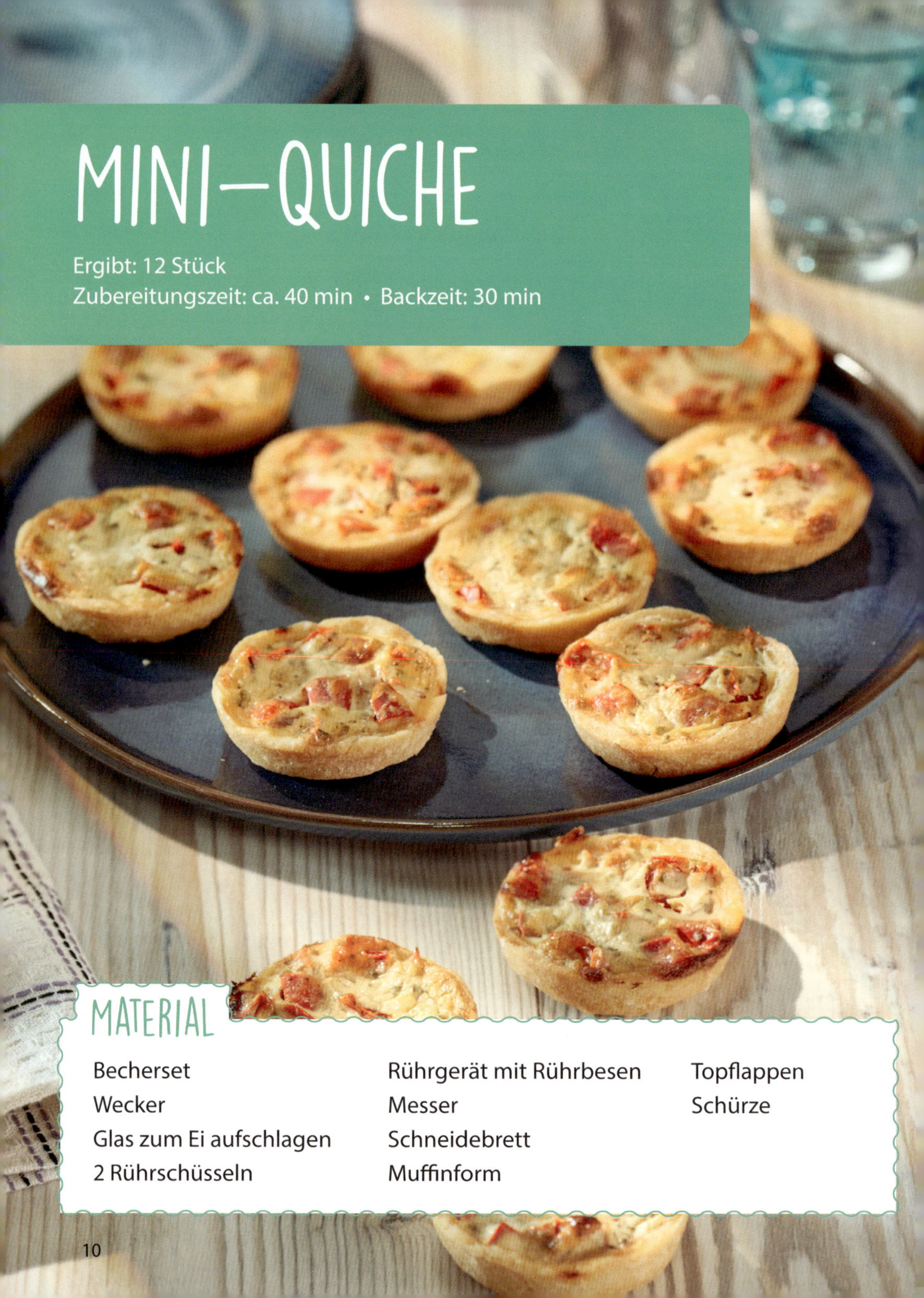

# MINI-QUICHE

Ergibt: 12 Stück
Zubereitungszeit: ca. 40 min • Backzeit: 30 min

## MATERIAL

Becherset
Wecker
Glas zum Ei aufschlagen
2 Rührschüsseln

Rührgerät mit Rührbesen
Messer
Schneidebrett
Muffinform

Topflappen
Schürze

## ZUTATEN

125 g Weizenmehl

60 g Margarine

1 Ei

Salz

## FÜR DIE FÜLLUNG

150 g Crème fraîche

Senf

1 Paprika

1 Ei

Italienische Kräuter (gerebelt)

# 1

Eine Paprika entkernen.

# 2

Die Paprika in kleine Würfel schneiden und in die Schüssel geben.

# 3

Einen Becher Crèmè fraîche in die Rührschüssel geben.

# 4

Ein Ei aufschlagen und hinzufügen.

## 5

Einen gelben Löffel italienische Kräuter auf die Zutaten streuen.

## 6

Einen gelben Löffel Senf in die Schüssel geben.

# 7

Die Zutaten mit dem Rührgerät mit Rührbesen verrühren.

# 8

Sieben orangefarbene Becher Mehl in eine neue Schüssel geben.

## 9

Zwei orangefarbene Becher Margarine hinzufügen.

## 10

Ein Ei aufschlagen und in die Schüssel geben.

## 11

Drei Prisen Salz hinzufügen.

## 12

Die Zutaten mit der Hand kneten, bis eine Teigkugel entstanden ist.

## 13

Den Backofen auf 180 Ober-/Unterhitze vorheizen.

## 14

Die Muffinform mit etwas Margarine einfetten.

## 15

Die Teigkugel in 12 gleich große Stücke teilen.

## 16

Jede Muffinmulde mit einem Stück Teig auskleiden.

# 17

Mit dem orangefarbenen Löffel die Creme gleichmäßig auf die Förmchen verteilen.

# 18

Die Muffinform in den Ofen schieben. Den Wecker auf 30 Minuten einstellen und die Mini-Quiches im Ofen backen.

# 19

Wenn der Wecker ertönt, die Muffinform mit den Mini-Quiches mit Topflappen aus dem Ofen nehmen. Fertig!

# KÄSEPLÄTZCHEN

Ergibt: 80 Stück
Zubereitungszeit: ca. 80 min • Backzeit: 15 min

# ZUTATEN

490 g Weizenmehl

250 g Butter

6 Eier

1 Päckchen Backpulver

Salz

Paprikapulver

200 g geriebener Käse

125 ml Sahne

Sesam, Kümmel, Mohn

## MATERIAL

- Becherset
- Wecker
- Rührschüssel
- Glas zum Ei aufschlagen
- Rührgerät mit Knethaken
- Messer
- Gabel
- Nudelholz
- Ausstechform
- Pinsel
- Schere
- Blech mit Backpapier
- Topflappen
- Schürze

# 1

Sieben rote Becher Mehl in die Rührschüssel geben.

# 2

Zwei gelbe Löffel Backpulver darüberstreuen.

# 3

Eine Packung geriebenen Käse hinzufügen.

# 4

Einen gelben Löffel Salz dazugeben.

# 5

Einen gelben Löffel Paprikapulver darüberstreuen.

# 6

Vier Eier aufschlagen und hinzufügen.

# 7

Eine ganze Butter klein schneiden und in die Schüssel geben.

# 8

Einen roten Becher Sahne über die Zutaten gießen.

## 9

Die Zutaten mit dem Rührgerät mit Knethaken vermischen.

## 10

Die Teigmasse auf die Arbeitsfläche geben und mit der Hand zu einem glatten Teig kneten.

# 11

Das Backblech mit Backpapier belegen.

# 12

Einen orangefarbenen Löffel Mehl auf der Arbeitsplatte verteilen.

# 13

Den Teig mit dem Nudelholz ausrollen.

# 14

Die Plätzchen ausstechen und auf das mit Backpapier belegte Blech legen.

# 15

Den Backofen auf 200 Ober-/ Unterhitze vorheizen.

# 16

Zwei Eier aufschlagen und mit der Gabel verquirlen.

# 17

Die Plätzchen mit Ei bestreichen.

# 18

Die Plätzchen mit Mohn, Sesam und Kümmel bestreuen.

# 19

Die Käseplätzchen in den Ofen schieben. Den Wecker auf 15 Minuten einstellen.

# 20

Wenn der Wecker ertönt, das Blech mit den gebackenen Plätzchen mit Topflappen aus dem Ofen nehmen. Fertig!

# SCHINKENSCHNECKEN

**Ergibt:** 40 Stück
**Zubereitungszeit:** ca. 40 min • **Backzeit:** 25 min

## ZUTATEN

490 g Weizenmehl

250 g Butter

250 g Speisequark

1 Ei

Paprikapulver

Salz

## FÜR DIE FÜLLUNG

200 g Kochschinken

1 Becher Schmand

Kräuter gerebelt

## MATERIAL

Becherset
Wecker
Glas zum Ei aufschlagen
Rührschüssel
Messer
Löffel

Rührgerät mit Knethaken
Nudelholz
Schneidebrett mit Messer
Backblech mit Backpapier
Topflappen
Schürze

# 1

Den Schinken in kleine Würfel scheiden.

# 2

Die ganze Butter klein schneiden und in die Rührschüssel geben.

# 3

Sieben rote Becher Mehl hinzufügen.

# 4

Ein Ei aufschlagen und hinzufügen.

# 5

Einen gelben Löffel Paprikapulver in die Schüssel geben.

# 6

Einen gelben Löffel Salz über den Zutaten verteilen.

# 7

Die ganze Packung Quark in die Schüssel geben.

# 8

Die Zutaten mit dem Rührgerät mit Knethaken vermischen.

# 9

Die Teigmasse auf die Arbeitsfläche geben und mit der Hand zu einem glatten Teig kneten.

# 10

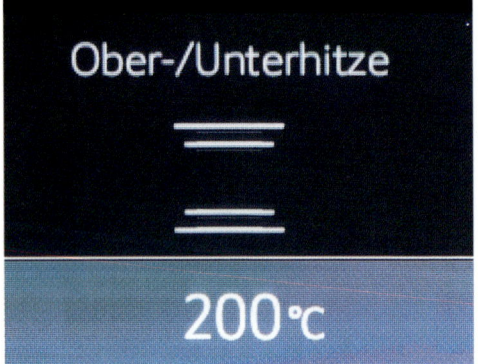

Den Backofen auf 200 Ober-/Unterhitze vorheizen.

# 11

Zwei orangefarbene Becher Mehl auf der Arbeitsplatte verteilen.

# 12

Den Teig mit dem Nudelholz ausrollen.

## 13

Einen Becher Schmand mit dem Löffel auf dem Teig verteilen.

## 14

Die Schinkenwürfel auf den Schmand streuen.

# 15

Zwei gelbe Löffel Kräuter auf den Schmand geben.

# 16

Die Teigplatte zu einer Rolle formen.

# 17

Von der Teigrolle mit dem Messer 2 cm dicke Stücke abschneiden.

# 18

Die Schinkenschnecken auf das mit Backpapier belegte Backblech legen.

# 19

Das Blech in den Ofen schieben. Den Wecker auf 25 Minuten einstellen und die Schinkenschnecken backen.

# 20

Wenn der Wecker ertönt, das Blech mit den gebackenen Schinkenschnecken mit Topflappen aus dem Ofen nehmen.
Fertig!

# PIZZASTANGEN

Ergibt: 20 Stück
Zubereitungszeit: ca. 20 min • Backzeit: 20 min

# ZUTATEN

1 Packung Blätterteig aus dem Kühlregal (ca. 275 g)

90 g Frischkäse

100 g geriebener Mozzarella

20 g Tomatenmark

Salz

Basilikum gerebelt

## MATERIAL

| | |
|---|---|
| Becherset | Pizzaschneider |
| Wecker | Backblech mit Backpapier |
| Schüssel | Topflappen |
| Löffel | Schürze |

# 1

Drei orangefarbene Becher Frischkäse in die Schüssel geben.

# 2

Einen gelben Löffel Basilikum hinzufügen.

# 3

Vier gelbe Löffel Tomatenmark in die Schüssel geben.

# 4

Eine Prise Salz hinzufügen.

## 5

Zwei rote Becher geriebenen Käse in die Schüssel geben.

## 6

Die Zutaten mit dem Löffel zu einer festen Creme rühren.

# 7

Den Blätterteig ausrollen.

# 8

Die Frischkäse Creme auf der Häfte des Blätterteiges verteilen.

# 9

Den Blätterteig einmal in der Mitte der langen Seite umklappen und das Papier abziehen.

# 10

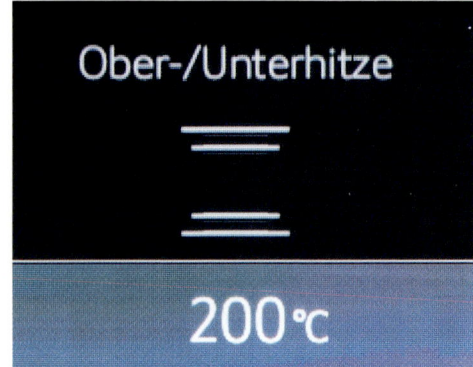

Den Backofen auf 200 °C Ober-/Unterhitze vorheizen.

# 11

Den Teig in 2 cm breite Streifen schneiden.

# 12

Jeden Streifen wie eine Kordel drehen und auf ein mit Backpapier belegtes Backblech legen.

# 13

Das Blech mit den Pizzastangen in den vorgeheizten Backofen schieben. Den Wecker auf 20 Minuten einstellen.

# 14

Wenn der Wecker klingelt, das Blech mit den gebackenen Pizzastangen, mit Topflappen aus dem Ofen nehmen. Fertig!

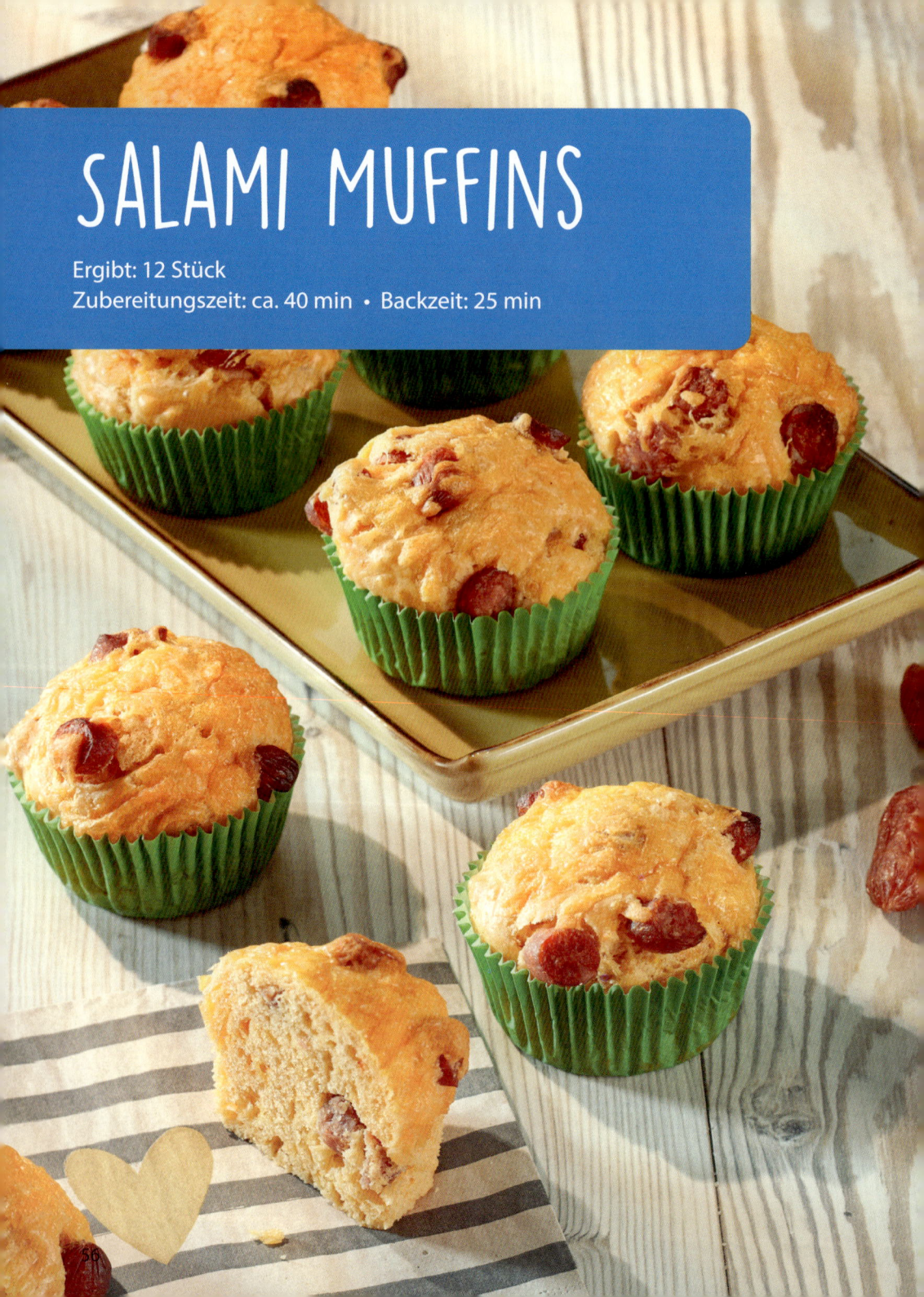

# SALAMI MUFFINS

**Ergibt:** 12 Stück
**Zubereitungszeit:** ca. 40 min • **Backzeit:** 25 min

## ZUTATEN

280 g Weizenmehl

250 ml Milch

1 Päckchen Backpulver

2 Eier

90 ml Sonnenblumenöl

150 g geriebener Cheddar

250 g Salami Sticks

Paprikapulver

Salz

## MATERIAL

Becherset
Wecker
Schüssel
Glas zum Ei aufschlagen
Rührgerät mit Rührbesen
Schneidebrett

Messer
Muffinblech mit Papierförmchen
Schere
Topflappen
Schürze

# 1

Vier rote Becher Mehl in die Schüssel geben.

# 2

Zwei rote Becher Milch in die Schüssel gießen.

# 3

Zwei Eier aufschlagen und hinzufügen.

# 4

Drei orangefarbener Becher Öl hinzufügen.

# 5

Ein gelber Löffel Salz in die Schüssel geben.

Einen gelben Löffel Paprikapulver hinzufügen.

# 7

Ein Päckchen Backpulver in die Schüssel geben.

# 8

Zwei rote Becher geriebenen Käse hinzufügen.

# 9

Die Salami in kleine Stücke schneiden und in die Schüssel geben.

# 10

Alle Zutaten mit dem Rührgerät zu einem glatten Teig rühren.

## 11

Den Backofen auf 180 °C Ober-/ Unterhitze vorheizen.

## 12

Die Papierförmchen in das Muffin Blech legen. Anschließend den Teig mit dem orangen Becher gleichmäßig auf die Förmchen verteilen.

# 13

Den restlichen Käse auf die Muffins streuen.

# 14

Das Blech mit den Muffins in den Ofen schieben. Den Wecker auf 25 Minuten einstellen und die Salami Muffins backen.

# 15

Wenn der Wecker klingelt, das Blech mit den gebackenen Muffins mit Topflappen aus dem Ofen nehmen.

# WÜRSTCHEN IM SCHLAFROCK

Ergibt: 16 Stück
Zubereitungszeit: ca. 45 min • Ruhezeit: 30 Minuten • Backzeit: 15 min

## ZUTATEN

210 g Weizenmehl

5 g Zucker

1 Päckchen Trockenhefe

2 Eier

60 ml Wasser

Salz

30 ml Sonnenblumenöl

8 Wiener Würstchen

## MATERIAL

Becherset
Wecker
Rührschüssel
Glas zum Ei aufschlagen
Rührgerät mit Knethaken
Messer
Gabel

Pinsel
Schneidebrett
Tuch zum Ruhen
Backblech mit Backpapier
Topflappen
Schürze

# 1

Einen gelben Löffel Trockenhefe in die Rührschüssel geben.

# 2

Einen gelben Löffel Zucker darüberstreuen.

# 3

Zwei orangefarbene Becher
lauwarmes Wasser hinzufügen.

# 4

Mit dem gelben Löffel die Zutaten
verrühren.

# 5

Drei rote Becher Mehl in die Schüssel geben.

# 6

Zwei Prisen Salz hinzufügen.

# 7

Ein Ei aufschlagen und in die Schüssel geben.

# 8

Einen oragenfarbenen Becher Öl darüber gießen.

# 9

Alle Zutaten mit dem Rührgerät mit Knethaken 5 Minuten vermischen.

# 10

Die Schüssel mit einem Tuch abdecken. Den Wecker auf 30 Minuten einstellen und den Teig so lange ruhen lassen.

## 11

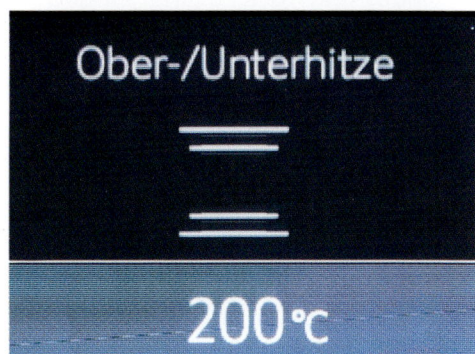

Wenn der Wecker ertönt, den Backofen auf 200 °C Ober-/ Unterhitze vorheizen.

## 12

Alle Wiener Würstchen halbieren.

## 13

Den Teig in 16 gleich große Stücke teilen.

## 14

Jedes Teigstück zu einer langen Schlange rollen.

## 15

Die Wiener Würstchen mit der Teigschlange umwickeln und auf das mit Backpapier belegte Blech legen.

## 16

Ein Ei aufschlagen und mit der Gabel verquirlen.

## 17

Die Teigschlangen mit dem Ei bestreichen.

## 18

Das Blech mit den Würstchen im Schlafrock in den Ofen schieben. Den Wecker auf 15 Minuten einstellen und die Würstchen im Schlafrock backen.

# 19

Wenn der Wecker ertönt, die gebackenen Würstchen im Schlafrock mit Topflappen aus dem Ofen nehmen. Fertig!

# SCHINKEN–KÄSE–BAGUETTE

Ergibt: 12 Stück
Zubereitungszeit: ca. 30 min • Backzeit: 20 min

## ZUTATEN

6 Aufbackbrötchen

100 g gekochter Schinken

1 Paprika

100 g Emmentaler gerieben

60 ml Sahne

Pizzagewürz

## MATERIAL

Becherset  
Wecker  
Rührschüssel  
Schere  
Messer  

Schneidebrett  
Backblech mit Backpapier  
Topflappen  
Schürze

# 1

Die Brötchen aufschneiden und auf das mit Backpapier belegte Backblech legen.

# 2

Zwei orangefarbene Becher Sahne in die Schüssel geben.

# 3

Einen gelben Löffel Pizzagewürz hinzufügen.

# 4

Den Schinken in kleine Würfel schneiden und in die Schüssel geben.

# 5

Die Paprika vierteln und entkernen.

# 6

Die Paprika klein schneiden und in die Schüssel geben.

# 7

Zwei rote Becher geriebenen Käse hinzufügen.

# 8

Alle Zutaten gut durchmengen.

## 9

Den Backofen auf 200 °C Ober-/ Unterhitze vorheizen.

## 10

Die Schinken-Käse-Masse mit dem orangefarbenen Löffel auf den Brötchenhälften verteilen.

## 11

Das Blech mit den Brötchen in den Ofen schieben. Den Wecker auf 20 Minuten einstellen und die Schinken-Käse-Baguettes backen.

## 12

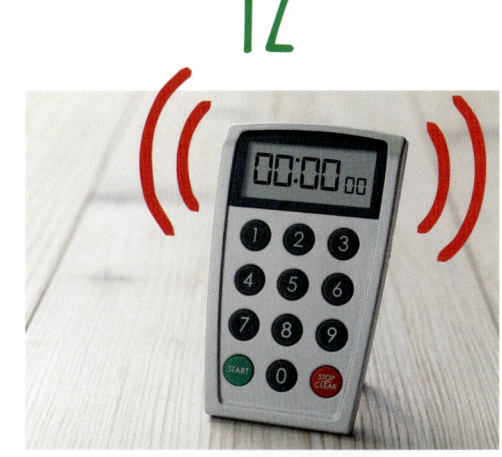

Wenn der Wecker ertönt, das Blech mit den Schinken-Käse-Baguettes mit Topflappen aus dem Ofen nehmen. Fertig!

# CHICKEN NUGGETS

Ergibt: 20 Stück
Zubereitungszeit: ca. 30 min • Backzeit: 30 min

## ZUTATEN

500 g Hähnchenbrustfilets

70 g Weizenmehl

2 Eier

120 g Cornflakes

Salz

Paprikapulver

## MATERIAL

Becherset
Wecker
3 tiefe Teller
Glas zum Ei aufschlagen
Schneidebrett
Messer

Gabel
Gefrierbeutel
Backblech mit Backpapier
Topflappen
Schürze

# 1

Einen roten Becher Mehl in einen Teller schütten.

# 2

Zwei Eier aufschlagen und in einen weiteren Teller geben.

# 3

Einen gelben Löffel Salz auf das Ei geben.

# 4

Einen gelben Löffel Paprikapulver dazu geben.

## 5

Die Eier mit den Gewürzen verquirlen.

## 6

Sechs rote Becher Cornflakes in den Gefrierbeutel füllen.

# 7

Die Cornflakes mit der Hand zerbröseln und in einen weiteren Teller schütten.

# 8

Das Hähnchenbrustfilet in Stücke schneiden.

## 9

Den Backofen auf 200 °C Ober-/ Unterhitze vorheizen.

## 10

Alle Fleischstücke im Mehl wenden und auf der Arbeitsfläche ablegen.

## 11

Jedes mit Mehl bedeckte Stück Fleisch in der Eimasse wenden…

## 12

…und mit der Cornflakespanade bedecken.

## 13

Das Backblech mit Backpapier belegen.

## 14

Alle panierten Fleischstücke auf das mit Backpapier belegte Blech legen.

## 15

Das Blech in den Ofen schieben. Den Wecker auf 25 Minuten einstellen und die Chicken Nuggets im Ofen garen.

## 16

Wenn der Wecker ertönt, das Blech mit den gebräunten Chicken Nuggets mit Topflappen aus dem Ofen nehmen. Fertig!

# ORZO AUFLAUF

Ergibt: Portion für 2–3 Personen
Zubereitungszeit: ca. 20 min • Backzeit: 30 min

## ZUTATEN

360 g Kritharaki (Orzo)

180 g Feta

750 ml Wasser

90 ml Olivenöl

Salz

Paprikapulver

Oregano gerebelt

## MATERIAL

Becherset  
Wecker  
Schüssel  
Löffel  

Auflaufform (20 cm x 30 cm)  
Schere  
Topflappen  
Schürze

# 1

Vier rote Becher Orzo in die Schüssel geben.

# 2

Sechs roten Becher Wasser in die Schüssel gießen.

# 3

Einen gelben Löffel Salz hinzufügen.

# 4

Zwei gelbe Löffel Paprikapulver in die Schüssel geben.

## 5

Zwei gelbe Löffel Oregano hinzufügen.

## 6

Zwei orangefarbene Becher Olivenöl in die Schüssel gießen.

# 7

Alle Zutaten mit dem Löffel verrühren.

# 8

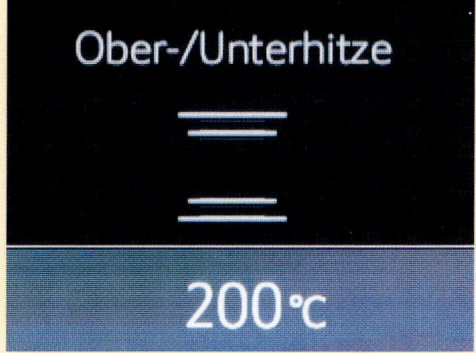

Den Backofen auf 200 °C Ober- / Unterhitze vorheizen.

# 9

Das Orzo Gemisch in die Auflaufform gießen.

# 10

Den Feta in die Mitte der Auflaufform legen.

# 11

Die Auflaufform auf dem Rost in den vorgeheizten Backofen schieben. Den Wecker auf 30 Minuten einstellen.

# 12

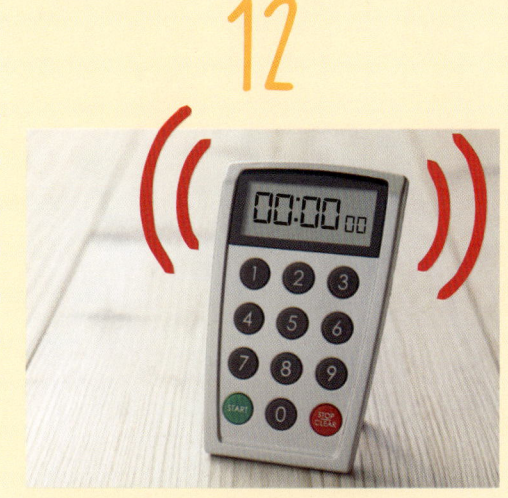

Wenn der Wecker klingelt, die Form mit Topflappen aus dem Ofen nehmen.

# 13

Nudeln und Feta kräftig mit dem Löffel umrühren.
Fertig!

# PFANNKUCHEN AUS DEM OFEN

Ergibt: 1 Blech
Zubereitungszeit: ca. 15 min • Backzeit: 20 min

## ZUTATEN

140 g Mehl

250 ml Milch

2 Eier

10 g Zucker

Salz

## MATERIAL

Becherset  
Wecker  
Rührschüssel  
Rührgerät mit Rührbesen  
Glas zum Ei aufschlagen  

Backblech mit Backpapier  
Messer  
Topflappen  
Schürze  

SÜSS ODER HERZHAFT EIN KLASSIKER!

# 1

Den Backofen auf 200 °C Ober-/Unterhitze vorheizen.

# 2

Zwei rote Becher Mehl in die Schüssel geben.

# 3

Zwei rote Becher Milch über das Mehl gießen.

# 4

Zwei Prisen Salz hinzufügen.

# 5

Zwei gelbe Löffel Zucker in die Schüssel streuen.

# 6

Zwei Eier aufschlagen und dazugeben.

# 7

Alle Zutaten mit dem Rührgerät mit Rührbesen verrühren, bis ein glatter Teig entstanden ist.

# 8

Das Backblech mit Backpapier belegen.

# 9

Den Teig auf dem Backblech verteilen.

# 10

Das Blech in den Ofen schieben. Den Wecker auf 20 Minuten einstellen und den Pfannkuchen backen.

# 11

Wenn der Wecker ertönt, den fertigen Pfannkuchen mit Topflappen aus dem Ofen nehmen und nach Wunsch belegen.
Fertig!

# Sandwiche Waffeln

Ergibt: 5 Stück
Zubereitungszeit: ca. 40 min • Backzeit: 4 min

## MATERIAL

Becherset
Rührschüssel
Rührgerät mit Rührbesen
Glas zum Ei aufschlagen

Waffeleisen
Messer
Gabel
Topflappen

Schürze

## ZUTATEN

140 g Weizenmehl

125 ml Milch

60 ml Wasser

1 Ei

1 Päckchen Backpulver

30 ml Sonnenblumenöl

Salz

## FÜR DEN BELAG

Frischkäse

Gouda in Scheiben

Salatblätter

# 1        2

Zwei rote Becher Mehl in die Schüssel geben.

Einen roten Becher Milch in die Schüssel gießen.

# 3

Ein Ei aufschlagen und hinzufügen.

# 4

Zwei orangefarbene Becher Wasser in die Schüssel gießen.

# 5

Einen orangefarbenen Becher Öl hinzufügen.

# 6

Zwei gelbe Löffel Backpulver in die Schüssel geben.

# 7

Einen gelben Löffel Salz hinzufügen.

# 8

Alle Zutaten mit dem Rührgerät zu einem glatten Teig rühren.

# 9

Einen roten Becher Teig in das heiße Waffeleisen gießen. Den Deckel des Gerätes schließen.

# 10

Die gebackenen Waffeln mit einer Gabel aus dem Waffeleisen nehmen und auskühlen lassen.

# 11

Die Häfte der ausgekühlten Waffeln mit Frischkäse bestreichen.

# 12

Ein Salatblatt auf den Frischkäse legen.

## 13

Die Waffel mit Käse belegen.

## 14

Eine weitere Waffel auf den Käse legen.
Fertig!

# BAGUETTE

Ergibt: 2 Stück
Zubereitungszeit: ca. 10 min • Backzeit: 20 min

## ZUTATEN

420 g Weizenmehl Typ 550     1 Päckchen Trockenhefe     375 ml Wasser lauwarm

Salz

## MATERIAL

Becherset  
Wecker  
Schüssel  
Rührgerät mit Knethaken  
Messer  
Tuch zum Abdecken  

Teigkarte  
Baguettebackblech  
Auflaufform  
Topflappen  
Schürze

# 1

Ein Päckchen Trockenhefe in die Schüssel geben.

# 2

Drei rote Becher lauwarmes Wasser in die Schüssel gießen.

# 3

Fünf rote Becher Mehl hinzufügen.

# 4

Einen gelben Löffel Salz in die Schüssel geben.

## 5

Die Zutaten mit dem Rührgerät mit Knethaken zu einem glatten Teig rühren.

## 6

Die Schüssel mit einem Tuch abdecken. Den Teig 2 Stunden ruhen lassen.

Einen orangefarbenen Becher Mehl auf der Arbeitsfläche verteilen.

Nach der Ruhezeit den Teig auf der bemehlten Arbeitsfläche in zwei Portionen teilen.

# 9

Die Brote formen und auf das Baguettebackblech legen.

# 10

Einen roten Becher Wasser in eine Auflaufform gießen.

# 11

Den Backofen auf 230 °C Heißluft vorheizen und die mit Wasser gefüllte Form hineinstellen.

# 12

Das Blech mit den Baguettebroten in den Ofen schieben. Den Wecker auf 20 Minuten einstellen und die Brote backen.

## 13

Wenn der Wecker klingelt, das Blech mit den gebackenen Broten mit Topflappen aus dem Ofen nehmen.
Fertig!

**Autorin**
Birgit Wenz

**Verlag**
Stefan Wenz – Becherkueche.de
79288 Gottenheim
info@becherkueche.de
www.becherkueche.de

**Vermarktung & Vertrieb**
DS Produkte GmbH
Stormarnring 14
22145 Stapelfeld
www.dspro.de

**Layout**
Goldfieber Werbeagentur, Freiburg
www.goldfieber.com

**Fotografie**
Flashpointstudio GbR, Freiburg
www.flashpointstudio.de

**Bildnachweise**
Titel: Fotolia

**2. Auflage Juli 2024**
ISBN 978-3-9818650-4-2
© 2024 Stefan Wenz – Becherkueche.de, Gottenheim
Alle Rechte vorbehalten. Die vollständige oder auszugsweise Speicherung, Vervielfältigung oder Übertragung dieses Werkes, ob elektronisch oder mechanisch, durch Fotokopie oder Aufzeichnung, ist ohne vorherige Genehmigung des Rechteinhabers urheberrechtlich untersagt.

Die Informationen und Ratschläge in diesem Buch sind von der Autorin sorgfältig erwogen und geprüft, dennoch kann eine Garantie nicht übernommen werden. Eine Haftung der Autorin und ihrer Beauftragten für Personen-, Sach- und Vermögensschäden ist ausgeschlossen.